DEN NEMME SANDWICH UDEN BRØD

LÆR OG MESTR 100 OPSKRIFTER PÅ LÆKRE HJEMMELAVEDE SANDWICH TIL BEGYNDERE, SOM HELE FAMILIEN OG VENNERNE HELT SIKKERT VIL NYDE

Isabella Berg

Alle rettigheder forbeholdes.

Ansvarsfraskrivelse

Oplysningerne i denne e-bog er beregnet til at tjene som en omfattende samling af strategier, som forfatteren af denne e-bog har forsket i. Resuméer, strategier, tips og tricks er kun anbefalinger fra forfatteren, og læsning af denne e-bog garanterer ikke, at ens resultater nøjagtigt vil afspejle forfatterens resultater. Forfatteren af e-bogen har gjort alle rimelige anstrengelser for at give aktuelle og nøjagtige oplysninger til e-bogens læsere. Forfatteren og dens medarbejdere vil ikke blive holdt ansvarlige for eventuelle utilsigtede fejl eller udeladelser, der måtte blive fundet. Materialet i e-bogen kan indeholde oplysninger fra tredjeparter. Tredjepartsmateriale omfatter meninger udtrykt af deres ejere. Som sådan påtager forfatteren af e-bogen sig ikke ansvar eller ansvar for noget tredjepartsmateriale eller udtalelser. Uanset om det er på grund af internettets udvikling eller de uforudsete ændringer i virksomhedens politik og redaktionelle retningslinjer for indsendelse, kan det, der er angivet som kendsgerning på tidspunktet for dette skrivende, blive forældet eller uanvendeligt senere.

E-bogen er copyright © 202 2 med alle rettigheder forbeholdt. Det er ulovligt at viderdistribuere, kopiere eller skabe afledt arbejde fra denne e-bog helt eller delvist. Ingen dele af denne rapport må gengives eller gentransmitteres i nogen form for reproduceret eller gentransmitteret i nogen som helst form uden skriftligt udtrykt og underskrevet tilladelse fra forfatteren.

INDHOLDSFORTEGNELSE

INDHOLDSFORTEGNELSE 3

INTRODUKTION 7

STABLET SANDWICH 8

    1.   Karry-reje-stablede tomater 9
    2.   Hassel tilbage Tomatklubber 11
    3.   Stegte grønne napoleoner med coleslaw 13
    4.   Ricotta-fyldte Portobello-svampe 16
    5.   Æble- og jordnøddesmørstabler 19
    6.   Stegte grønne tomater 21
    7.   Bagte aubergine-sandwicher 24
    8.   No-Bread BLT 27
    9.   Æble-, skinke- og ostesandwicher 29
    10.   Brødfri Sandwich med rød peber 31
    11.   Sweet Potato Burger Boller 33
    12.   Cucumber Subs 35
    13.   Brødløs italiensk undersandwich 37

SLIDER 40

    14.   Mac and Cheese Slider 41
    15.   Kalkunskydere med sød kartoffel 44
    16.   Hvide slot hamburger skydere 47
    17.   Cheeseburger Sliders 49

VEGANSKE SANDWICHES 52

    18.   Tempeh Reuben Sandwicher 53
    19.   Portobello Po'Boys 56
    20.   Smager som tunsalatsandwich 58
    21.   Sjusket Bulgur-sandwich 61
    22.   Havelappersandwich på brød 64
    23.   Frugt-og-nøddesandwicher 67

CROSTINI OG BRUSCHETTA SANDWICH ... 69

24. Crostini alla Carnevale ... 70
25. Bruschetta fra en Oliven ... 72
26. Grillet ost bruschetta ... 74

VAFFELSANDWICH ... 76

27. Kylling og vafler grillet ost ... 77
28. Grillet skinke- og ostevaffelsandwich ... 80

PITA SANDWICH ... 82

29. Quesadillas, Piadine og Pita sandwich ... 83
30. Pepperoni, Provolone og Pecorino Pita! ... 86
31. Grillet Cheddar, Chutney og Pølse ... 88
32. Karrytofu "Æggesalat" Pitas ... 90

SALAT SANDWICH ... 93

33. Prosciutto og Taleggio med Figner på Mesclun ... 94
34. Fontina med Rucola, Mizuna og Pærer ... 97
35. Chèvre Sandwich i salat ... 100
36. Sydde halloumi-sandwicher med lime ... 103
37. Trøffeltoast og rucolasalat ... 106
38. Grillet skinke, ost og ananas ... 109
39. Tunsyltebåde ... 112

GRILLET OSTSANDWICH ... 114

40. Ricotta Granola Crumble Grillet Ost ... 115
41. Lasagne grillet ost ... 118
42. Italiensk klassisk grillet ost ... 121
43. Middelhavsfrikadeller grillet ost ... 124
44. Spinatpesto og avocado grillet ost ... 127
45. Jordbærbasilikumprosciutto grillet ost ... 130
46. Ricotta smør og syltetøj grillet ost ... 132
47. Buffalo kylling grillet ost ... 134
48. Vegetarisk pizza grillet ost ... 137

49.	Cheddar og surdej Grillet ost	140
50.	Grillet ostesandwich	142
51.	Spinat og Dild Havarti på Brød	144
52.	Grillet Jack på rug med sennep	146
53.	Radicchio og Roquefort på Pain au Levain	148
54.	Grillet hvidløgsost på rug	150
55.	Britisk smeltet ost og pickle	152
56.	Frisk Mozzarella, Prosciutto og Figenmarmelade	154
57.	Sjælden roastbeef med blåskimmelost	156
58.	Rød Leicester med løg	158
59.	Spinat og Dild Havarti på Brød	160
60.	Grillet cheddar- og dildsylte med åbent ansigt	162
61.	Harry's Bar Special	164
62.	Casse Croûte af blåskimmelost og Gruyère	166
63.	Sprød Trøffel Comté med sorte kantareller	168
64.	Gedeosttoast med krydderier	171
65.	Roquefort-sandwich og roemarmelade	173
66.	Bocadillo fra øen Ibiza	176
67.	Klubgrillet sandwich	179
68.	Welsh Rarebit med pocheret Æg	182
69.	En varm muffaletta	185
70.	Cubansk sandwich	188
71.	Parisisk grillet ost	191
72.	Bocadillo fra øen Ibiza	193
73.	Tomat og Mahon ost på Olivenbrød	196
74.	Emmentaler og pæresandwich	199
75.	Grillet Pumpernickel og Gouda	201
76.	Mahonost på sort olivenbrød	204
77.	Røget Tyrkiet, Taleggio og Gorgonzola	206
78.	Smeltet Jarlsberg på Surdej	209
79.	Torta af kylling, Queso Fresco og Gouda	211
80.	Panini af Aubergine Parmigiana	214
81.	Grillet Aubergine og Chaumes,	217

82.	SVAMPE OG SMELTET OST PÅ PAIN AU LEVAIN	221
83.	SICILIANSK SYDEOST MED KAPERS OG ARTISKOKKER	224
84.	SICILIANSK SYDEOST MED KAPERS OG ARTISKOKKER	227
85.	SCALOPPINE OG PESTO SANDWICH	230
86.	MOZZARELLA, BASILIKUM PIADINE	233
87.	QUESADILLAS PÅ GRÆSKARTORTILLAS	235
88.	GRILLET FÅREOST QUESADILLAS	239
89.	TOAST MED JORDBÆR OG FLØDEOST	241
90.	BRØDBUDDING SANDWICH	244
91.	G REGN OG OST BURGER	248
92.	SORT ANGUS BURGER MED CHEDDAROST	251
93.	GRILLET AMERIKANSK OST OG TOMAT SANDWICH	254
94.	GRILLET ÆBLE OG OST	256
95.	GRILLET AUBERGINE OG OSTEPAKKER	258
96.	GRILLET BLÅ OSTESANDWICH MED VALNØD S	260
97.	GRILLET CHEDDAROST OG SKINKESANDWICH	263
98.	FEST GRILLET OST OG BACON	266
99.	GRILLEDE OSTESLUGERE	268
100.	GRILLET OST I FRANSK TOAST	270

KONKLUSION **272**

INTRODUKTION

Lad disse lokkende billeder og enkle instruktioner overtale dig til at forbedre dine daglige spisevaner. Sunde, mættende og lækre, de er budgetvenlige og kan justeres til enhver kost.

Uanset om du følger en Paleo, ikke-gluten, lavt kulhydratindhold eller bare en sund livsstil, er Sandwicher uden brød noget for dig. Med hundrede kreative opskrifter sammen med læskende fotografier vil denne bog appellere til både din appetit og din talje.

I stedet for brød kan sandwich laves som salatwraps, mellem agurk, æbleskiver, grillet aubergine eller ananas og snesevis af andre erstatninger? mulighederne er uendelige. Opskrifter inkluderer:

- Røget tofu banh mi
- Sprøde en-bid cracker sandwich
- Nem norisandwich med smørfisk
- Krabbeagurk roll-ups
- Zucchini panini
- Pesto kylling halloumi sandwich
- Linsepandekagesandwich med urtesvampe
- Blomkål morgenmad kopper
- Så mange mor

STABLET SANDWICH

1. Karry-reje-stablede tomater

Giver 4 portioner

ingredienser

- 4 store arvestykketomater
- 6 spiseskefulde fedtfattig mayonnaise
- 1 tsk karrypulver
- 1/4 tsk salt
- 1/4 tsk malet ingefær
- 3/4 pund pillede og deveirede kogte rejer
- 1 selleri ribben, hakket
- 1/2 kop finthakket agurk
- 1 lille navleappelsin, skrællet og finthakket
- 2 grønne løg, skåret i tynde skiver

Vejbeskrivelse

a) Trim og skær hver tomat i tre tykke skiver; afdryppe på køkkenrulle.

b) I en stor skål blandes mayonnaise og krydderier; rør de resterende ingredienser i. For hver servering skal du stable tre skiver tomater i lag med rejeblanding.

2. Hassel tilbage Tomatklubber

Giver 2 portioner

ingredienser

- 4 blommetomater
- 2 skiver schweizerost i kvarte
- 4 kogte baconstrimler, halveret
- 4 skiver deli kalkun
- 4 Bibb-salatblade
- 1/2 mellemmoden avocado, skrællet og skåret i 8 skiver
- Knækket peber

Vejbeskrivelse

a) Skær 4 tværgående skiver i hver tomat, og lad dem være intakte i bunden.

b) Fyld hver skive med ost, bacon, kalkun, salat og avocado. Drys med peber.

3. Stegte grønne napoleoner med coleslaw

ingredienser

- 1/3 kop mayonnaise
- 1/4 kop hvid eddike
- 2 spsk sukker
- 1 tsk salt
- 1 tsk hvidløgspulver
- 1/2 tsk peber
- 1 pakke (14 ounce) tre-farvet coleslaw blanding
- 1/4 kop finthakket løg
- 1 dåse (11 ounce) mandarin appelsiner, drænet
- stegte tomater:
- 1 stort æg, let pisket
- Dash hot peber sauce, eller efter smag
- 1/4 kop universalmel
- 1 kop tørre krummer
- 2 mellemgrønne tomater, skåret i 4 skiver hver
- Olie til stegning
- 1/2 tsk salt
- 1/4 tsk peber
- 1/2 kop nedkølet pimiento ost
- 4 tsk pebergelé

Vejbeskrivelse

a) Kombiner de første seks ingredienser. Tilsæt coleslawblanding og løg. Tilføj mandarin appelsiner; rør forsigtigt.

b) I en lav skål piskes æg og varm sauce. Kom mel og krummer i separate lave skåle. Dyp tomatskiver i mel for at dække begge sider; ryst overskydende af. Dyp i æggeblandingen, derefter i krummer, klap for at hjælpe belægningen med at klæbe.

c) I en elektrisk stegepande eller frituregryde opvarmes olie til 350°. Steg tomatskiver, et par ad gangen, indtil de er brune, 1-2 minutter på hver side. Afdryp på køkkenrulle. Drys med salt og peber.

d) For at samle napoleoner, lag en tomatskive med 1 spsk pimiento ost. Gentag lag. Top med 1 tsk pebergelé. Gentag med de resterende tomatskiver. Server over coleslaw.

4. Ricotta-fyldte Portobello-svampe

ingredienser

- 3/4 kop fedtfattig ricottaost
- 3/4 kop revet parmesanost, delt
- 1/2 kop revet delvis skummet mozzarellaost
- 2 spsk hakket frisk persille
- 1/8 tsk peber
- 6 store portobellosvampe
- 6 skiver stor tomat
- 3/4 kop friske basilikumblade
- 3 spsk mandler eller pinjekerner i skiver, ristede
- 1 lille fed hvidløg
- 2 spsk olivenolie
- 2 til 3 teskefulde vand

Vejbeskrivelse

a) I en lille skål blandes ricottaost, 1/4 kop parmesanost, mozzarellaost, persille og peber. Fjern og kassér stilke fra svampe; med en ske, skrab og fjern gæller. Fyld hætterne med ricottablanding. Top med tomatskiver.

b) Grill, tildækket, ved middel varme, indtil svampene er møre, 8-10 minutter. Fjern fra grillen med en metalspatel.

c) Læg imens basilikum, mandler og hvidløg i en lille foodprocessor; puls indtil hakket. Tilsæt resterende parmesanost; puls lige indtil det er blandet. Tilsæt gradvist olie og nok vand til den ønskede konsistens under behandlingen. Hæld fyldte svampe over inden servering.

5. Æble- og jordnøddesmørstabler

ingredienser

- 2 mellemstore æbler
- 1/3 kop tyk jordnøddesmør
- Valgfrit fyld: granola, halvsød miniature chokoladechips

Vejbeskrivelse

a) Kerne æbler. Skær hvert æble på kryds og tværs i seks skiver. Fordel jordnøddesmør over seks skiver; drys med fyld efter eget valg.

b) Top med de resterende æbleskiver.

6. Stegte grønne tomater

ingredienser

- 1/4 kop fedtfri mayonnaise
- 1/4 tsk revet limeskal
- 2 spsk limesaft
- 1 tsk hakket frisk timian eller 1/4 tsk tørret timian
- 1/2 tsk peber, delt
- 1/4 kop universalmel
- 2 store æggehvider, let pisket
- 3/4 kop majsmel
- 1/4 tsk salt
- 2 mellemgrønne tomater
- 2 mellemrøde tomater
- 2 spsk rapsolie
- 8 skiver canadisk bacon

Vejbeskrivelse

a) Bland de første 4 ingredienser og 1/4 tsk peber; stilles på køl indtil servering. Placer mel i en lav skål; læg æggehvider i en separat lav skål. I en tredje skål blandes majsmel, salt og resterende peber.

b) Skær hver tomat på kryds og tværs i 4 skiver. Driv 1 skive i mel til let belægning; ryst overskydende af. Dyp i æggehvider og derefter i majsmelblanding. Gentag med de resterende tomatskiver.

c) I en stor nonstick-gryde opvarmes olie over medium varme. Kog tomaterne i partier, indtil de er gyldenbrune, 4-5 minutter på hver side.

d) I samme gryde brunes let canadisk bacon på begge sider. For hver stak 1 skive hver grøn tomat, bacon og rød tomat. Server med sauce.

7. Bagte aubergine sandwich

Portioner: 4

ingredienser

- 1 tsk olivenolie
- 2 æg
- ½ kop universalmel, eller mere efter behov
- salt og friskkværnet sort peber efter smag
- 1 knivspids cayennepeber eller mere efter smag
- 1 kop panko-krummer
- 8 skiver aubergine, skåret 3/8 tomme tykke
- 2 skiver provolone ost, skåret i kvarte
- 12 tynde skiver salami
- 2 ⅔ spsk olivenolie, delt
- 2 ⅔ spsk fintrevet Parmigiano-Reggiano ost, delt

Vejbeskrivelse

a) Forvarm ovnen til 425 grader F (220 grader C). Beklæd en bageplade med alufolie.

b) Pisk æg i en lille, lav skål. Bland mel, salt, sort peber og cayennepeber i et stort lavt fad. Hæld panko-krummer i et andet stort lavt fad.

c) Top en skive aubergine med 1/4 skive provolone ost, 3 skiver salami og 1/4 skive provolone ost. Læg en lige stor skive aubergine ovenpå. Gentag med de resterende aubergineskiver, ost og salami.

d) Tryk forsigtigt hver aubergine-sandwich ind i det krydrede mel for at belægge; ryst overskydende af. Dyp begge sider af hver sandwich i sammenpisket æg, og tryk derefter i panko-krummer. Placer på den forberedte bageplade, mens du laver de resterende aubergine-sandwich.

e) Dryp 1 tsk olivenolie i en cirkel omkring 3 inches i diameter på folien; læg en aubergine sandwich på det olierede område. Drys omkring 1 tsk Parmigiano-Reggiano ost over sandwichen. Gentag med de resterende 3 sandwich, dryp et område på folien med olivenolie, læg en sandwich på olien og topping med parmesanost. Dryp toppen af hver sandwich med 1 tsk olivenolie.

f) Bages i den forvarmede ovn i 10 minutter. Vend sandwich og drys 1 tsk Parmigiano-Reggiano ost på toppen. Bages, indtil de er brune, og en skærekniv kan nemt sættes ind i auberginen, 8 til 10 minutter mere. Serveres lun eller ved stuetemperatur.

8. No-Brød BLT

udbytte: 1 SERVERING

ingredienser

- 6 skiver bacon, skåret i halve vandret
- salatblade
- frisk tomat, skåret i skiver

Vejbeskrivelse

a) Læg tre skiver ved siden af hinanden i en lodret række på en bageplade beklædt med en silikonemåtte.

b) Klap toppen af de to yderste skiver ned, og læg derefter en skive bacon vandret hen over dem.

c) Klap baconen op igen, klap derefter den centrale skive op, og læg en anden vandret skive i midten. Tilføj derefter den sidste vandrette skive i bunden ved at klappe de to yderste skiver op.

d) Gentag for at danne endnu en baconvævning (du skal bruge to pr. BLT).

e) Placer en omvendt non-stick rist over toppen af baconen og steg under en forvarmet slagtekylling, indtil baconen begynder at blive sprød. Fjern risten, og vend baconen. Vend tilbage til slagtekyllingen, hvis det er nødvendigt.

f) Overfør baconvævene til køkkenpapir for at dræne det overskydende fedt.

g) Tilføj skiveskåret tomat og sprød romainesalat til den ene baconvævning, og top derefter den anden vævning.

9. Æble-, skinke- og ostesandwicher

Portioner: 2

ingredienser

- æble
- Skinke skiver
- Colby Jack Slices
- Brun sennep, Dijon-stil eller krydderi efter eget valg

Vejbeskrivelse

a) Skær æbler i ringe.

b) Tilsæt Skinkeskiver. Top med osteskiver.

c) Fordel sennep på den øverste ring af sandwichen og læg ovenpå (krydderisiden nedad).

10. Brødfri Sandwich med rød peber

ingredienser

- 2 røde peberfrugter
- 150 g ovnstegt oksekød
- Frisk bocconcini
- Chipotle lime mayonnaise
- Rucola

Vejbeskrivelse

a) Når du handler, så prøv at vælge rød peber, der har mindst 2 flade sider. De flade sider vil fungere bedst til sandwichen. Hvis du er heldig, kan du finde en stor peberfrugt, der har 3 eller 4 sider, du kan bruge.

b) Skær peberfrugten, så du får et flot fladt stykke, der fungerer som et stykke brød.

c) Grill nu peberfrugten let på grillen eller i en stegepande i ca. 2 minutter på hver side. Dette vil blødgøre peberen lidt.

d) Brug nu peberfrugterne som dit brød, byg din sandwich. Smør lidt mayo på peberfrugten og tilsæt derefter oksekødet.

e) Læg derefter et par skiver bocconcini på, top med lidt rucola, tilsæt et strejf mere mayo til den øverste peberskive og læg ovenpå.

11. Søde kartoffel burger boller

ingredienser

- 1 stor sød kartoffel
- 2 teskefulde olivenolie
- Salt og peber

Vejbeskrivelse

a) Skræl og skær dine søde kartofler i tern i form af burgerboller.

b) Du skal bruge 2 mellemstore skiver til hver burger du laver. Du kan tilberede op til 16 skiver på én gang i airfryeren, før din airfryer bliver overfyldt.

c) Brug dine hænder til at gnide olivenolien over dem.

d) Smag til med salt og peber.

e) Kog i 10 minutter ved 180c/360f i airfryeren.

f) Placer dine middelhavsburgere mellem to søde kartoffel-burgerboller og server.

12.   Agurk Subs

SERVER 2

ingredienser

- 2 agurker
- deli kød-kalkun, skinke eller andre deli kød skiver eller barberet
- bacon (valgfrit)
- grønne løg (valgfrit)
- tomater (valgfrit)
- enhver sandwichfyld (valgfrit)
- latterkoost eller mayo eller flødeost eller andet krydderi

Vejbeskrivelse

a) Skær agurken på langs, fra spids til spids. Tag indersiden af agurken ud for at give plads til dine sandwichfyld. Tilføj kød, grøntsager og andre sandwichfremstillinger til indersiden af agurken.

b) Læg den ene halvdel af agurken på den anden halvdel. God fornøjelse!!

13. Brødløs italiensk subsandwich

Udbytte: 4 sandwich

ingredienser

- 8 store Portobello-svampe, tørret af
- 2 spsk ekstra jomfru olivenolie
- Kosher salt
- 1 spsk rødvinseddike
- 1 spsk finthakket pepperoncini med frø
- 1/2 tsk tørret oregano
- Friskkværnet sort peber
- 2 ounce skiver provolone (ca. 4 skiver)
- 2 ounce tyndt skåret skinke med lavt natriumindhold (ca. 4 skiver)
- 1 ounce tyndt skåret Genova salami (ca. 4 skiver)
- 1 lille tomat, skåret i 4 skiver
- 1/2 kop strimlet icebergsalat
- 4 peberfrugtfyldte oliven

Vejbeskrivelse

a) Placer en ovnrist i den øverste tredjedel af ovnen, og forvarm grillen.

b) Fjern stilkene fra svampene og kassér dem. Læg svampehætterne med gællesiden opad og brug en skarp kniv til at fjerne gællerne helt (så hætterne ligger fladt). Arranger svampehattene på en bageplade, pensl det hele med 1 spsk olie og drys med 1/4 tsk salt. Steg indtil hætterne er lige møre, vend halvvejs igennem, 4 til 5 minutter pr. side. Lad det køle helt af.

c) Pisk eddike, pepperoncini, oregano, den resterende 1 spsk olie og et par kværn sort peber sammen i en lille skål.

d) Saml sandwichene: Anbring den ene champignonhue, skåret opad, på en arbejdsflade. Fold 1 stykke provolone, så det passer oven på hætten, og gentag med 1 skive skinke og salami hver.

e) Top med 1 skive tomat og cirka 2 spsk salat. Dryp med lidt af pepperoncini-vinaigretten. Sandwich med en anden svampehætte og fastgør med en tandstikker trådet med en oliven. Gentag med de resterende ingredienser for at lave 3 flere sandwich.

f) Pak hver sandwich halvvejs ind i vokspapir (dette vil hjælpe med at fange alle safterne) og server.

SLIDERE

14. Mac og osteskyder

Portionsstørrelse: 12

Ingredienser:
- 1 kop makaroni pasta
- 1 spsk smør
- Peber efter smag
- 1 ½ tsk universalmel
- ½ kop mælk
- ¾ kop cheddarost, revet
- 18 oz. Hawaiian søde ruller
- 16 oz. grill revet svinekød, kogt
- 1 spsk honning
- ½ tsk malet sennep
- 2 spsk smør, smeltet

Vejbeskrivelse
a) Forvarm din ovn til 375 grader F.
b) Kog pastaen efter anvisningen i pakken.
c) Dræn og sæt til side.
d) Kom smørret i en pande ved middel varme.

e) Rør peber og mel i.

f) Rør indtil glat.

g) Bring i kog under omrøring.

h) Kog i 3 til 5 minutter.

i) Tilsæt osten og kog under omrøring, indtil den er smeltet.

j) Tilsæt den kogte pasta til gryden.

k) Anret rullebundene i en bradepande.

l) Top med ost- og pastablandingen, revet svinekød og rulletoppe.

m) I en lille skål blandes honning, sennep og smør.

n) Børst toppe med denne blanding.

o) Bages i ovnen i 10 minutter.

15. Kalkunskydere med sød kartoffel

Giver 10 portioner

ingredienser

- 4 æbletræ-røgede baconstrimler, finthakket
- 1-pund malet kalkun
- 1/2 kop panko-krummer
- 2 store æg
- 1/2 kop revet parmesanost
- 4 spsk hakket frisk koriander
- 1 tsk tørret basilikum
- 1/2 tsk stødt spidskommen
- 1 spsk sojasovs
- 2 store søde kartofler
- Strimlet Colby-Monterey Jack ost

Vejbeskrivelse

a) I en stor stegepande koges bacon over medium varme, indtil det er sprødt; afdryppe på køkkenrulle. Kassér alt undtagen 2 spiseskefulde dryp. Stil stegepanden til side. Kombiner bacon med de næste 8 ingredienser, indtil det er godt blandet; dæk til og stil på køl i mindst 30 minutter.

b) Forvarm ovnen til 425°. Skær søde kartofler i 20 skiver ca. 1/2 tomme tykke. Læg skiver på en usmurt bageplade; bages til søde kartofler er møre, men ikke grødede, 30-35 minutter. Fjern skiver; afkøles på en rist.

c) Opvarm stegepande med reserverede dryp over medium-høj varme. Form kalkunblandingen til frikadeller på størrelse med skyderen. Tilbered skyderne i partier, 3-4 minutter på hver side, og pas på ikke at trænge sammen panden. Tilføj en knivspids strimlet cheddar efter at have vendt hver skyder første gang. Kog indtil et termometer viser 165° og saften er klar.

d) For at servere skal du placere hver skyder på en sød kartoffelskive; dup med honning dijonsennep. Dæk med en anden sød kartoffel skive. Pierce med tandstikker.

16. Hvide slot hamburger skydere

Udbytte: 10 portioner

ingredienser

- 2 pund magert hakkebøf
- ¼ kop tørhakket løg
- ¼ kop varmt vand
- 3 ounce Jar Strained Beef Babymad
- ⅔ kop klar oksebouillon
- 1 pakke hotdog boller

Vejbeskrivelse

a) Blødgør ¼ kop tørre hakkede løg i ¼ kop varmt vand, indtil de er bløde, mens du blander 2 pund hakkebøf med en 3-ounce krukke med siet oksekødsbabymad og ⅔ kop klar oksebouillon.

b) Hold frikadeller ensartede ved at bruge ¼ kop kødblanding for hver patty, fladtrykt til ¼" og stegt hurtigt i 1 T olie pr. patty på en varm bageplade. Lav 3 eller 4 huller i patties under stegning.

c) Skær hotdogboller i halve. Klip afrundede ender af. Steg 1 t løg under hver patty, som du vender om for at stege 2. side. Sæt hver patty i bolle med 2 dild pickle chips, sennep og catsup.

17.   Cheeseburger Sliders

til 12 skydere

ingredienser

- 2 lb. hakket oksekød (910 g)
- 1 tsk salt
- 2 tsk peber
- 2 tsk hvidløgspulver
- $\frac{1}{2}$ hvidt løg i tern
- 6 skiver cheddarost
- 12 middagsruller, eller hawaiianske søde ruller
- 2 spsk smør, smeltet
- 1 spsk sesamfrø

Vejbeskrivelse

a) Forvarm ovnen til 350°F (175°C).

b) Kombiner oksekød, salt, peber og hvidløgspulver i en 9x13-tommer (23x33-cm) bageform, bland grundigt og pres derefter til et fladt, jævnt lag. Bages i 20 minutter. Dræn væsken og stil det kogte oksekød til side.

c) Skær rullerne i halve på langs. Læg den nederste halvdel i samme bradepande. Læg det kogte oksekød på rullerne efterfulgt af løg og ost. Top med de resterende ruller.

d) Pensl toppen af rullerne med smeltet smør og drys sesamfrø ovenpå. Bages i 20 minutter, eller indtil brødet er gyldenbrunt og osten er smeltet.

e) Skær i individuelle skydere, og server derefter.

VEGANSKE SANDWICHES

18. Tempeh Reuben sandwich

Laver 2 sandwich

ingredienser

- 8 ounce tempeh
- 3 spsk vegansk mayonnaise
- 1 spsk sød pickle relish
- 1 grønt løg, hakket
- 2 spsk olivenolie
- Salt og friskkværnet sort peber
- 4 skiver rug- eller pumpernickelbrød
- ¾ kop surkål, godt drænet

Vejbeskrivelse

a) I en mellemstor gryde med kogende vand koges tempeh i 30 minutter. Dræn tempeh og stil til side til afkøling. Dup tør og skær i 1/4-tommer skiver.

b) Kombiner mayonnaise, ketchup, relish og grønne løg i en lille skål. Smag til med salt og peber, bland godt og stil til side.

c) I en mellemstor stegepande opvarmes olien over medium varme. Tilsæt tempeh og steg indtil gyldenbrun på begge sider, cirka 10 minutter i alt. Smag til med salt og peber efter smag. Fjern fra panden og stil til side.

d) Tør panden af og stil til side. Fordel margarine på den ene side af hver skive brød. Læg 2 skiver brød med margarinesiden nedad i gryden. Fordel dressingen på begge brødskiver og lag den stegte tempeh og surkålen.

e) Top hver med de resterende 2 skiver brød med margarinesiden opad. Overfør sandwichene til stegepanden og steg, indtil de er let brunede på begge sider, vend én gang, cirka 2 minutter pr. side.

f) Fjern sandwichene fra panden, skær dem i halve og server med det samme.

19.   Portobello Po'Boys

Gør 4 po'boys

ingredienser

- 3 spsk olivenolie
- 4 portobellosvampehætter, skyllet let, tørrede og skåret i 1-tommers stykker
- 1 tsk Cajun krydderi
- Salt og friskkværnet sort peber
- 1/4 kop vegansk mayonnaise
- 4 sprøde sandwichruller, halveret vandret
- 4 skiver moden tomat
- 1 1/2 dl strimlet romainesalat
- Tabasco sauce

Vejbeskrivelse

a) I en stor stegepande opvarmes olien over medium varme. Tilsæt svampene og kog indtil de er brune og bløde, cirka 8 minutter. Smag til med Cajun krydderierne og salt og peber efter smag. Sæt til side.

b) Fordel mayonnaise på de afskårne sider af hver af rullerne. Læg en tomatskive i bunden af hver rulle, top med revet salat. Arranger svampestykkerne ovenpå, drys med Tabasco efter smag, top med den anden halvdel af rullen, og server.

20.   Smager som tunsalatsandwich

Laver 4 sandwich

Ingredienser:

- 1 1/2 kop kogte eller 1 (15,5 ounce) dåse kikærter, drænet og skyllet
- 2 selleri ribben, hakket
- 1/4 kop hakket løg
- 1 tsk kapers, drænet og hakket
- 1 kop vegansk mayonnaise
- 2 tsk frisk citronsaft
- 1 tsk dijonsennep
- 1 tsk tangpulver
- 4 salatblade
- 4 skiver moden tomat
- Salt og peber
- Brød

Vejbeskrivelse

a) Mos kikærterne groft i en mellemstor skål. Tilsæt selleri, løg, kapers, 1/2 kop mayonnaise, citronsaft, sennep og tangpulver. Smag til med salt og peber efter smag. Bland indtil godt blandet. Dæk til og stil på køl i mindst 30 minutter, så smagen kan blande sig.

b) Når du er klar til servering, fordeles den resterende 1/4 kop mayonnaise på 1 side af hver af brødskiverne. Læg salat og tomat på 4 af brødskiverne og fordel kikærteblandingen jævnt mellem dem. Top hver sandwich med den resterende skive brød, mayonnaisesiden nedad, skær i halve og server.

21.   Sjusket Bulgur-sandwich

Laver 4 sandwich

Ingredienser:

- 1¾ kopper vand
- 1 kop mellemmalet bulgur
- Salt
- 1 spsk olivenolie
- 1 lille rødløg, hakket
- 1/2 medium rød peberfrugt, hakket
- 1 (14,5 ounce) dåse knuste tomater
- 1 spsk sukker
- 1 spsk gul eller krydret brun sennep
- 2 tsk sojasovs
- 1 tsk chilipulver
- Friskkværnet sort peber
- 4 sandwichruller, halveret vandret

Vejbeskrivelse

a) I en stor gryde bringes vandet i kog over høj varme. Rør bulguren i og salt let vandet. Dæk til, fjern fra varmen og stil til side, indtil bulguren er blød og vandet er absorberet, cirka 20 minutter.

b) I mellemtiden, i en stor stegepande, opvarm olien over medium varme. Tilsæt løg og peberfrugt, læg låg på og kog indtil det er blødt, cirka 7 minutter. Rør tomater, sukker, sennep, sojasauce, chilipulver og salt og sort peber i efter smag. Lad det simre i 10 minutter under jævnlig omrøring.

c) Hæld bulgurblandingen på den nederste halvdel af hver af rullerne, top den anden halvdel og server.

22. Havelappersandwich på brød

Laver 4 sandwich

Ingredienser:

- 1 pund ekstra fast tofu, drænet og duppet tør
- 1 mellemstor rød peberfrugt, finthakket
- 1 selleri ribben, finthakket
- 3 grønne løg, hakket
- 1/4 kop afskallede solsikkekerner
- 1/2 kop vegansk mayonnaise
- 1/2 tsk salt
- 1/2 tsk sellerisalt
- 1/4 tsk friskkværnet sort peber
- 8 skiver fuldkornsbrød
- 4 (1/4 tomme) skiver moden tomat
- salatblade

Vejbeskrivelse

a) Smuldr tofuen og kom den i en stor skål. Tilsæt peberfrugt, selleri, grønne løg og solsikkefrø. Rør mayonnaise, salt, sellerisalt og peber i og bland, indtil det er godt blandet.

b) Rist brødet, hvis det ønskes. Fordel blandingen jævnt på 4 skiver af brødet. Top hver med en tomatskive, salatblad og det resterende brød. Skær sandwichene diagonalt i halve og server.

23.   Frugt-og-nødde sandwich

Laver 4 sandwich

Ingredienser:

- 2/3 kop mandelsmør
- 1/4 kop agave nektar eller ren ahornsirup
- 1/4 kop hakkede valnødder eller andre nødder efter eget valg
- 1/4 kop sødede tørrede tranebær
- 8 skiver fuldkornsbrød
- 2 modne Bosc eller Anjou pærer, udkernet og skåret i tynde skiver

Vejbeskrivelse

a) I en lille skål kombineres mandelsmør, agavenektar, valnødder og tranebær under omrøring, indtil det er godt blandet.

b) Fordel blandingen mellem brødskiverne og fordel jævnt. Top 4 skiver af brødet med pæreskiverne, fordelt opad. Læg de resterende brødskiver oven på pæreskiverne, fordelt med siden nedad. Skær sandwichene i skiver og server med det samme.

CROSTINI OG BRUSCHETTA SANDWICH

24. Crostini alla Carnevale

GØR 16; SERVER 4

Ingredienser:

- 16 tynde baguetteskiver, skåret på diagonalen
- 2 spsk ekstra jomfru olivenolie
- 3 fed hvidløg, hakket, delt
- 4 ounces ricottaost
- 4 ounce mild Asiago, Jack eller fontina ost, skåret i tern, revet groft eller skåret i strimler
- 6-8 cherrytomater i kvarte eller i tern
- 2 spsk hakket ristet rød peber
- 1-2 spsk basilikumpesto

Vejbeskrivelse

a) Forvarm slagtekyllingen.
b) Smid baguetteskiverne med olivenolien i en skål, og læg dem i et enkelt lag i en bageplade eller på en bageplade. Rist under grillen i cirka 5 minutter, eller indtil de er let gyldne. Fjern og vend toastene med halvdelen af hvidløget. Sæt til side.
c) I en lille skål kombineres det resterende hvidløg med ricottaost, Asiago, cherrytomater, peberfrugt og pesto.
d) Top hver toast med en stor klat af fyldet. Arranger på bagepladen og kom under slagtekyllingen, indtil osten smelter og syder, og kanterne af toastene er sprøde og brune.

25. Bruschetta fra en oliven

GØR 16 TIL 24; SERVER 8

Ingredienser:

- 4 skiver pain au levain eller andet rustikt landbrød, skåret i 4 til 6 stykker pr.
- 2 fed hvidløg
- Cirka 1 spsk ekstra jomfru olivenolie
- 4 ounces fetaost, skåret i skiver Revet skal af 1 citron
- 4 ounce mild smeltende ost såsom Jack, fontina eller mild Asiago, i tynde skiver eller strimlet
- Omkring 3 ounce ung rucola

Vejbeskrivelse

a) Forvarm slagtekyllingen.
b) Rist brødet let under slagtekyllingen. Fjern fra varmen og gnid begge sider med hvidløg.
c) Læg de hvidløgsgnedne toasts på en bageplade og dryp meget let med lidt olivenolie, læg derefter fetaosten på, drys med citronskal, top med Jack-osten, og giv et sidste dryp olivenolie. Steg indtil osten smelter og bobler let.
d) Server med det samme, hver lille, åben grillet ostesandwich toppet med en lille håndfuld rucolablade.

26. Grillet ost bruschetta

Udbytte: 4 portioner

Ingredienser:

- 8 (1/2-tommer) tykke skiver landbrød
- ¼ kop Olivenolie blandet med 4 fed knust hvidløg
- 1 kop Monterey Jack ost, fint revet
- 8 ounce Blød gedeost
- 2 spsk Groftkværnet sort peber
- 2 spsk Fint hakket oregano

Vejbeskrivelse

a) Forvarm grillen. Pensl hver skive brød med hvidløgsolien. Grill med oliesiden nedad, indtil den er let gyldenbrun.

b) Vend hver skive og top med 2 spsk Monterey Jack, 1-ounce gedeost, sort peber og oregano.

c) Grill indtil osten lige begynder at smelte.

VAFFELSANDWICH

27.   Kylling og vafler grillet ost

Ingredienser:

- 16 oz. Mozzarella, skåret i skiver
- 12 skiver pancetta, skåret tyndt
- 1 spsk ahornsirup
- 1/2 kop mayonnaise
- 2 friske ferskner (eller 1 lille dåse ferskner, drænet)
- 8 frosne vafler
- 2 spsk blødgjort smør
- 4-4 oz. udbenet kyllingebryst
- 1 kop mel
- 1 kop kærnemælksranchdressing
- 2 kopper vegetabilsk olie

Vejbeskrivelse

a) Kog pancettaen i en nonstick-gryde, indtil den er let sprød.

b) Bland sirup og mayonnaise sammen og stil til side.

c) Skær ferskner i tynde skiver.

d) Læg vafler og smør på den ene side af hver. Vend og fordel mayonnaiseblandingen på den ikke-smurte side af vaflerne.

e) Mel kylling, dyp derefter kylling i ranchdressing og derefter tilbage i mel.

f) Bring vegetabilsk olie til medium varme i en stegepande og steg kyllingen, indtil den er brun på begge sider og den indre temperatur når 165 grader.

g) På mayonnaisesiden af vaflen, læg mozzarella, kylling, pancetta, ferskner i lag og afslut med mere mozzarella og en anden vaffel.

h) I en nonstick-gryde ved medium varme, kog i et minut, tryk ned med en spatel. Vend og gentag indtil osten er smeltet og gyldenbrun. Fjern, skær og server.

28. Grillet skinke og ostevaffelsandwich

Giver 4 portioner

ingredienser

- 8 frosne brødrister vafler
- 1 spsk dijonsennep (valgfrit)
- ½ pund skåret deli skinke
- ¼ pund cheddar, skåret i tynde skiver
- 4 spsk usaltet smør

Vejbeskrivelse

a) Læg 4 af vaflerne på en arbejdsflade. Smør den ene side af hver med sennep (hvis du bruger). Top med skinke, ost og de resterende vafler. Spred toppen af hver sandwich med 1/2 spsk af smørret. Smelt det resterende smør i en stor nonstick-gryde over medium varme. Læg sandwichene i stegepanden med smørsiden opad.

b) Kog, tryk af og til med bagsiden af en spatel, indtil osten smelter og vaflerne er gyldne, 3 til 4 minutter på hver side.

PITA SANDWICH

29. Quesadillas, Piadine og Pita sandwich

SERVER 4

Ingredienser:

- 12 ounce frisk ged3 fed hvidløg, hakket
- Cirka 1-tommer stykke frisk ingefær, groft hakket (ca. 2 tsk)
- 3—4 spsk grofthakkede friske mynteblade
- 3-4 spsk grofthakket frisk koriander
- 3 spsk almindelig yoghurt
- ½ tsk sukker, eller efter smag Stor knivspids salt
- Flere gode shakes af Tabasco eller anden varm sauce, eller ½ frisk chili, hakket
- 8 mel tortillas
- Ost med svær såsom Lezay eller Montrachet, skåret ½ til ¾ tomme tykke
- Olivenolie til pensling af tortillas

Vejbeskrivelse

a) Purér hvidløget med ingefæren i en foodprocessor eller blender, og tilsæt derefter mynte, koriander, yoghurt, sukker, salt og varm sauce. Rør rundt, indtil det danner en grøn, lidt tyk pasta.
b) Læg 4 tortillas ud, og fordel dem først med koriander-mynteblandingen, derefter et lag af gedeosten, og top med de andre tortillas.

c) Pensl let ydersiden af hver sandwich med olivenolie og steg, en ad gangen, i en kraftig nonstick-gryde ved middel varme. Brun nogle minutter, indtil de er let gyldne i pletter, tryk lidt ned på dem med spatelen, mens de koger.
d) Vend forsigtigt ved hjælp af spatelen; når den anden side er plettet med brun og guld, skal osten smeltes. Tag af panden og skær i tern.
e) Server straks.

30.   Pepperoni, Provolone og Pecorino Pita!

SERVER 4

Ingredienser:

- 4 pitaer
- ½ kop ristet, skrællet og skåret rød og/eller gul peberfrugt
- 2 fed hvidløg, hakket
- 4 ounce pepperoni, skåret i tynde skiver
- 4 ounce provolone ost, skåret i tern
- 2 spsk friskrevet pecorino ost
- 4 italienske eller græske syltede peberfrugter såsom pepperoncini, skåret i tynde skiver
- Olivenolie til pensling af pita

Vejbeskrivelse

a) Skær 1 side af hver pita og åbn dem for at danne lommer.
b) Læg peberfrugter, hvidløg, pepperoni, provolone, pecorino og peberfrugt i hver pita og tryk for at lukke. Pensl ydersiden let med olivenolie.
c) Opvarm en tung nonstick-gryde over medium-høj varme eller brug en sandwichmaskine eller paninipresse. Læg sandwichene i gryden.
d) Reducer varmen til lav, og vægt sandwichene ned , tryk, mens du bruner dem. Kog kun indtil osten smelter; du vil ikke have ostene brune og sprøde, blot for at holde alt fyldet sammen.
e) Server med det samme.

31. Grillet Cheddar, Chutney og pølse

SERVER 4

Ingredienser:

- 1-2 krydrede pølser, skåret i skiver
- 4 fuldkornspitaer, lommerne åbnede op
- 3-4 spsk sød og krydret mango chutney
- 2 spsk hakket frisk koriander
- 6—8 ounce moden cheddarost, groft strimlet
- 1 spsk olivenolie til pensling af brød
- 3 spsk afskallede ristede solsikkekerner

Vejbeskrivelse

a) Brun de snittede pølser i en stegepande ved middel varme. Stil dem til side til afdrypning på køkkenrulle.
b) Anret pitaerne på en arbejdsflade. Smør 1 halvdel af indersiden med chutneyen, tilsæt derefter pølsen, koriander og til sidst osten. Tryk let for at lukke, og pensl ydersiden med olivenolie.
c) Opvarm en tung nonstick-gryde over medium-høj varme eller brug en panini-presse. Tilsæt de fyldte pitaer og tryk let; reducere varmen til medium eller endda medium-lav. Kog på 1 side, indtil let gylden i pletter og osten smelter; vend og brun let på den anden side. Når osten er smeltet, tages den af gryden.
d) Server med det samme, drysset med solsikkekerner, og byd på ekstra chutney ved siden af til dupning.

32. Karry Tofu "Æggesalat" Pitas

Laver 4 sandwich

Ingredienser:

- 1 pund ekstra fast tofu, drænet og duppet tør
- 1/2 kop vegansk mayonnaise, hjemmelavet
- 1/4 kop hakket mango chutney, hjemmelavet
- 2 tsk dijonsennep
- 1 spsk varmt eller mildt karrypulver
- 1 tsk salt
- 1/8 tsk malet cayennepeper
- 1 kop revet gulerod
- 2 selleri ribben, hakket
- 1/4 kop hakket rødløg
- 8 små Boston- eller andre bløde salatblade
- 4 (7-tommer) fuldkorns pitabrød, halveret

Vejbeskrivelse

a) Smuldr tofuen og kom den i en stor skål. Tilsæt mayonnaise, chutney, sennep, karry, salt og cayenne, og rør godt, indtil det er grundigt blandet.

b) Tilsæt gulerødder, selleri og løg og rør for at kombinere. Stil på køl i 30 minutter, så smagen kan blande sig.

c) Stik et salatblad inde i hver pitabomme, kom lidt tofu-blanding ovenpå salaten og server.

SALAT SANDWICH

33. Prosciutto og Taleggio med Figner på Mesclun

SERVER 4

Ingredienser:

- 8 meget tynde skiver surdejsbrød eller baguette
- 3 spsk ekstra jomfru olivenolie, delt
- 3-4 ounce prosciutto, skåret i 8 skiver
- 8 ounces moden Taleggio ost, skåret i otte $\frac{1}{4}$-tommer tykke stykker
- 4 store håndfulde salat forårsmix (mesclun)
- 2 spsk hakket frisk purløg
- 2 spsk hakket frisk kørvel
- 1 spsk frisk citronsaft Salt
- Sort peber
- 6 modne sorte figner i kvarte
- 1-2 tsk balsamicoeddike

Vejbeskrivelse

a) Pensl brødet let med en lille smule olivenolie og læg det på en bageplade. 2 Forvarm ovnen til 400°F. Sæt brødet på den højeste rist og bag dem i cirka 5 minutter, eller indtil de lige er begyndt at blive sprøde. Fjern og lad afkøle, cirka 10 minutter.
b) Når de er afkølet, pakker du prosciutto-skiverne rundt om Taleggio-skiverne og sæt hver af dem ovenpå et stykke brød. Sæt et øjeblik til side, mens du forbereder salaten.

c) Bland det grønne med ca. 1 spsk olivenolie, purløg og kørvel, og vend derefter med citronsaft, salt og peber efter smag. Anret på 4 tallerkener og pynt med figenkvartererne.
d) Pensl toppen af de prosciutto-indpakkede pakker med den resterende olivenolie, læg dem i en stor ovnfast stegepande og bag i 5 til 7 minutter, eller indtil osten begynder at sive, og prosciuttoen er sprød rundt om kanterne.
e) Fjern hurtigt pakkerne og anret dem på hver salat, og ryst derefter balsamicoeddiken i den varme pande. Rør rundt, så det varmer, og hæld det derefter over salaterne og toastene. Server med det samme.

34. Fontina med Rucola, Mizuna og Pærer

SERVER 4

Ingredienser:

- 8 skiver surdejsbrød Ca. 6 ounce bresaola, skåret i tynde skiver
- 6-8 ounce nøddeagtig, smagfuld, smeltende ost, såsom fontina, Jarlsberg eller Emmentaler
- Cirka 4 kopper blandet baby rucola og mizuna eller andre møre grøntsager såsom forårsblanding
- 2 modne men faste pærer, skåret i tynde skiver eller i julien, smidt lidt citronsaft i for at forhindre dem i at brune
- 1 skalotteløg, hakket
- 1 spsk balsamicoeddike
- 2 spiseskefulde ekstra jomfru olivenolie, plus mere til at børste salt
- Sort peber

Vejbeskrivelse

a) Arranger 4 stykker af brødet på en arbejdsflade og læg bresaolaen på den ene side, top derefter med osten, og afslut med at toppe med de andre skiver surdej. Tryk let men fast sammen for at forsegle.
b) Bland imens det grønne i en skål med de snittede pærer. Sæt til side.
c) I en lille skål blandes skalotteløg med balsamicoeddike og 2 spsk olivenolie, og smag til med salt og peber. Sæt til side.

d) Pensl sandwichene med en lille mængde af olivenolien. Opvarm en sandwichpresse eller tung nonstick-gryde over medium-høj varme, og læg derefter sandwichene i gryden. Du skal sandsynligvis gøre dette i 2 batches. Væg sandwichene . Kog til brødet er sprødt og gyldent, vend derefter og gentag på den anden side, indtil osten er smeltet.
e) Lige før sandwichene er klar, slyng salaten med dressingen. Fordel salaten på 4 tallerkener. Når sandwichene er klar, tages de af panden, skæres i kvarte og lægges 4 på hver tallerken salat.
f) Server med det samme.

35.   Chèvre sandwich i salat

SERVER 4

Ingredienser:

- Omkring ½ 2 baguette, skåret i 12 diagonale skiver omkring ½ tomme tykke
- 2 spsk ekstra jomfru olivenolie, eller efter behov
- 3 ounce gedeost med en svær, såsom Lezay, skåret ¼- til ½ tomme tykke
- Generøst knivspids tørrede eller friske timianblade
- Sort peber
- 1 spsk rødvinseddike, delt
- Omkring 6 kopper blandet grønt, såsom forårsmix, inklusive en smule ung frisée og rucola
- 2 spsk hakket frisk persille, purløg, kørvel eller en kombination
- 1 spsk valnøddeolie
- ¼ kop valnøddestykker

Vejbeskrivelse

a) Forvarm slagtekyllingen.
b) Pensl baguetteskiverne med lidt af olivenolien, sæt dem derefter på en bageplade og steg dem i cirka 5 minutter, eller indtil de er gyldne på kun den ene side. Fjern fra slagtekyllingen.

c) Vend det ristede brød og læg en skive eller 2 af gedeosten på de uristede sider. Mængden du bruger per sandwich vil afhænge af hvor store dine baguetteskiver er. Dryp toppen med en lille smule olivenolie, drys timian og sort peber på, og ryst derefter et par dråber af eddike over ostene.
d) Vend imens salaten med de hakkede krydderurter og dress med valnøddeolien og den resterende olivenolie og eddike, og drys med valnøddestykkerne. Anret på 4 store tallerkener eller i lave suppeskåle.
e) Placer de toasts med gedeost under grillen og steg dem i cirka 5 minutter, eller indtil osten er blødgjort, og toppen lige begynder at boble nogle steder, og farven på osten er gyldenbrun.
f) Læg straks 3 varme gedeostsandwich ovenpå den dressede salat på hver tallerken, og server med det samme.

36. Syrede Halloumi-sandwich med lime

SERVER 4

Ingredienser:

- 1 hovedsmør eller Boston Bibb-salat, trimmet og adskilt i blade
- 1 mildt hvidt løg, pillet og skåret i tynde skiver på kryds og tværs
- 4 spsk ekstra jomfru olivenolie, delt
- 1 tsk hvidvinseddike
- 3 store modne tomater, skåret i tern
- Salt
- Sort peber
- ½ baguette, skåret i 12 diagonale skiver omkring ½ tomme tykke
- 12 ounce halloumi, skåret omkring ½ tomme tykke
- 2 limefrugter, skåret i tern (eller ca. 2 spsk frisk limesaft) En knivspids tørret oregano

Vejbeskrivelse

a) Forvarm slagtekyllingen.
b) I en stor skål, smid salat og løg sammen, og pynt derefter med ca. 2 spsk olivenolie og eddike. Fordel mellem 4 plader, og pynt derefter hver med tomatbåde; drys salater med salt og peber og stil til side.

c) Pensl baguetteskiverne med lidt af olivenolien, læg dem på en bageplade og steg dem let på begge sider. Sæt til side.
d) Anret halloumien på en bageplade og pensl med lidt olivenolie. Steg på 1 side, indtil den er brunet i pletter, og fjern derefter. Vend hver skive ost og læg oven på en toast, pensl derefter med olivenolie igen og vend tilbage til slagtekyllingen. Steg indtil det er varmt og let brunet i pletter.
e) Læg 3 varme halloumi-toasts på hver salat, pres limesaft over halloumien, og lad en lille smule dryppe på salaterne. Drys med oregano og server.

37. Trøffeltoast og rucolasalat

SERVER 4

Ingredienser:

- 4 ret tykke skiver pain au levain, hver skive i kvarte
- Omkring 2 tsk trøffelolie, eller efter smag (smagene af forskellige trøffelolier har tendens til at variere meget)
- 2 modne St. Marcellin oste (ca. 2 ½ ounce hver)
- En knivspids salt
- Cirka 8 ounce unge rucolablade (ca. 4 kopper løst pakket)
- 2 spsk ekstra jomfru olivenolie Et par shakes sherryeddike

Vejbeskrivelse

a) Forvarm ovnen til 400°F.
b) Læg stykkerne af pain au levain på en bageplade og rist dem let i ovnen på begge sider. Tag ud af ovnen og drys hver med en smule af trøffelolien, og læg derefter ca. 1 spsk af St. Marcellin-osten oven på hver toast.
c) Drys osten let med en knivspids salt. Tilbage til ovnen et par øjeblikke.
d) Arranger imens rucolaen på 4 plader. Ryst en smule olivenolie, en smule trøffelolie og et par dråber hist og her sherryeddike over hver tallerken. Kast ikke, lad blot dråberne ligge på pladerne.
e) Fjern ostetoastene fra ovnen efter kun 30 til 45 sekunder. Du ønsker ikke, at osten skal smelte helt eller syde og blive fedtet; du ønsker, at den simpelthen bliver en smule varm og cremet.

f) Læg 4 varme toasts på hver salattallerken og server med det samme.

38. Grillet skinke, ost og ananas

SERVER 4

Ingredienser:

- 6-8 ounce kalkunskinke, groft hakket eller skåret i bånd, hvis den allerede er skåret i tynde skiver

- 3 spsk mayonnaise eller efter behov

- 4 tykke skiver frisk ananas eller 5 skiver på dåse i sin egen juice

- 8 skiver fuldkorns- eller hvedebærbrød, skåret i tynde skiver

- Omkring 12 til 15 skiver brød-og-smør pickles

- ½ løg, skåret i tynde skiver

- Omkring 8 ounce Taleggio ost (skallen skåret af), eller skarp Cheddar ost, skåret i skiver

- Ekstra jomfru olivenolie til pensling af brød

Vejbeskrivelse

a) I en lille skål kombineres kalkunskinken med mayonnaisen. Læg det til side.
b) Skær eller hak ananasen groft og sæt den til side i en skål. Hvis du bruger frisk, smid den med sukker efter smag.
c) Læg brødskiverne ud. På 4 af dem fordeles ananas. På de andre 4 placeres først nogle af pickles, derefter kalkunskinkesalatblandingen, så noget løg og Taleggio. Top forsigtigt med de ananas-toppede brødskiver for at danne

sandwich, og tryk godt sammen. Pensl hver side let med olivenolie.

d) Opvarm en tung nonstick-gryde eller paninipresse over medium-høj varme. Læg sandwichene i gryden, brun og pres dem, indtil den første side er sprød og gylden, og osten begynder at smelte; Brug derefter din spatel og eventuelt lidt hjælp fra hånden, vend forsigtigt sandwichene og steg dem på den anden side, tryk efterhånden som de bruner.

e) Når sandwichene er sprøde og let brunede på begge sider, og osten er smeltet, tages den af panden, skæres i halve og serveres.

39. Tunsyltebåde

UDBYTTE: 12 Pickle-både

ingredienser

- 6 hele baby dild pickles eller 2 store hele pickles
- 5 oz. stykke hvid tun
- ¼ kop mayonnaise
- ¼ kop rødløg i tern
- 1 tsk sukker eller honning

Vejbeskrivelse

a) Skær hele pickles i halve fra ende til anden, på langs. Brug en ske eller skrællekniv til at skære eller skrabe indersiden af hver side af picklen for at skabe en bådform med det resterende pickleskind.

b) Hak det udskrabte indre og kom det i en røreskål. Brug et køkkenrulle til at opsuge ekstra saft fra syltebådene og hakkede indvendige stykker.

c) Dræn tunen grundigt og kom den i skålen. Tryk med en gaffel for at hakke store bidder. Tilsæt mayonnaise, rødløg, hakket sylteagurk og sukker eller honning (valgfrit) og bland godt for at danne tunsalaten.

d) Hæld tunsalat i hver syltebåd. Afkøl og server eller server med det samme.

GRILLET OSTSANDWICH

40. Ricotta Granola Crumble Grillet Ost

Ingredienser:

- 15 oz. Ricotta
- 4 æg
- 1/2 kop mælk
- 8 skiver pancetta
- 1 lille rødløg, skåret i tynde skiver
- 5 spiseskefulde blødgjort smør, delt
- 1/2 kop brun farin
- 2 kopper granola
- 8 skiver kanelsnurrbrød

Vejbeskrivelse;

a) Pisk æg med mælk og stil til side.

b) Tilsæt pancetta til forvarmet stegepande og kog indtil sprød på medium høj varme. Fjern og sæt til side.

c) Læg løg i den forvarmede stegepande med 1 spsk smør. Når løgene begynder at koge, tilsæt brun farin og kog indtil de er bløde.

d) Kom granola i en skål og stil ved siden af æggeskålen.

e) Læg brødskiver ud og smør smør på den ene side af hver skive, med i alt 2 spsk smør. På den smurte side fordeles et tykt lag ricotta.

f) Top ricotta med løg og pancetta og dæk med den resterende skive brød. Når den er lukket, dyppes hele sandwichen i æggeblandingen og overføres til granolaen, så den dækker alle sider fuldstændigt.

g) Forvarm en nonstick-pande og smelt 2 spsk smør ved lav til medium varme. Når smørret er smeltet, tilsæt sandwich og kog i cirka 90 sekunder, tryk ned med en spatel. Vend og gentag indtil de er sprøde. Fjern, skær og server.

41.   Lasagne grillet ost

Ingredienser:

- 16 oz. Mozzarella, skåret i skiver
- 15 oz. Ricotta
- 2 spsk revet parmesan, delt 1/2 tsk sort peber
- 1 tsk frisk hvidløg, hakket
- 16 oz. hakket oksekød
- 1 spsk frisk basilikum, blandet
- 8 skiver italiensk brød
- 2 spsk blødgjort smør
- 1 tsk hvidløgspulver
- 16 oz. tomatsauce, delt

Vejbeskrivelse;

a) I en røreskål kombineres ricotta, 1 spsk parmesan, sort peber, hvidløg og basilikum. Sæt til side.

b) Varm en stor stegepande op over medium-høj varme. Kog og rør oksekødet, indtil det er helt brunt, cirka 7-10 minutter.

c) Læg brød, smør på den ene side og drys med hvidløgspulver og resterende parmesan.

d) På den ikke-smurte side af 4 stykker fordeles ricottablandingen (ca. 1-2 spsk på hvert stykke). Læg den kogte hakkebøf på ricottaen, efterfulgt af skiverne af mozzarella. På de resterende 4 stykker fordeles 1-2 spsk tomatsauce og lægges på mozzarellaen for at lukke sandwich.

e) Flyt til en forvarmet pande på medium varme og kog i cirka 90 sekunder, tryk ned med en spatel. Vend og gentag indtil osten er smeltet og gyldenbrun.

f) Fjern, skær og server med resterende tomatsauce til at dyppe eller dække sandwich.

42. Italiensk klassisk grillet ost

Ingredienser:

- 16 oz. Mozzarella, skåret i skiver
- 2 spsk revet parmesan
- 4 pølsefrikadeller
- 1 grøn peber, skåret i tynde skiver
- 1 rød peberfrugt, skåret i tynde skiver
- 1 lille løg, skåret i tynde skiver
- 1/4 kop olivenolie
- 3/4 tsk hvidløgspulver
- 8 skiver italiensk brød
- 2 spsk blødgjort smør

Vejbeskrivelse;

a) Kog pølsebrødene til en indre temperatur på 165 grader F på grillen eller i en grillpande.

b) Læg skåret peberfrugt og løg på en bageplade. Smør let med olie og drys med hvidløgspulver. Bages ved 375 grader F i 10 minutter, indtil de er bløde.

c) Læg brødskiverne ud og smør smør på den ene side. Krydr den smurte side med hvidløgspulver og parmesan.

d) Læg en skive mozzarella, pølsepatty, peberfrugt og løg i lag på den smurte side, og afslut med mere mozzarella.

e) Luk sandwich og læg i en nonstick-pande på medium varme. Kog i cirka et minut, tryk ned med en spatel.

f) Vend og gentag indtil osten er smeltet og gyldenbrun. Fjern, skær og server.

43.   Middelhavs frikadeller grillet ost

Ingredienser:

- 16 oz. Mozzarella, skåret i skiver
- 15 oz. Ricotta
- 2 spsk parmesan, delt
- 8 skiver italiensk brød, skåret tykt
- 2 spsk blødgjort smør
- 16 oz. tomatsovs
- 4 oz. pesto sauce eller 12-16 friske basilikumblade, blandet med 1/4 kop olivenolie
- 2 kviste frisk mynte (ca. 12-16 blade), hakket
- 8-2 oz. frosne frikadeller (kogte), skåret i skiver

Vejbeskrivelse;

a) Læg skiver brød ud. Fordel smør på den ene side af hver og drys 1 spsk parmesan på smørsiderne.

b) Vend, og fordel tomatsauce og et tykt lag ricottaost på ikke-smurte sider. Fordel pesto på ost, efterfulgt af hakket mynte og resterende parmesan. Derefter lægges frikadelleskiver i lag og top med mozzarella.

c) Luk sandwich og flyt til en medium forvarmet nonstick-pande. Kog i cirka 90 sekunder, tryk ned med en spatel. Vend og gentag indtil osten er smeltet og gyldenbrun. Fjern, skær og server.

44.   Spinat Pesto og Avocado Grillet Ost

Ingredienser:

- 16 oz. Mozzarella, skåret i skiver
- 15 oz. Ricotta
- 1 spsk parmesan, revet
- 2 spsk frisk basilikum, finthakket
- 8 skiver marmorrugbrød
- 2 spsk blødgjort smør
- 1-8 oz. pakke frossen spinat, optøet og afdryppet
- 2 avocadoer (modne), udstenede og skåret i skiver

Vejbeskrivelse;

a) I en lille røreskål kombineres ricotta, pesto og parmesanost og blandes med gaffel, indtil det er blandet. Fold for at gøre ricotta ekstra luftig. Sæt til side.

b) Læg brødskiverne ud og fordel smør på den ene side af hvert stykke.

c) Fordel 1-2 spiseskefulde ricottablanding på den smurte side af 4 skiver.

d) Bræk spinaten og læg den på ricottasiden efterfulgt af avocado og mozzarella.

e) Luk sandwich og læg i en medium forvarmet pande. Kog i cirka 90 sekunder, tryk ned med en spatel. Vend og gentag indtil osten er smeltet og gyldenbrun. Fjern, skær og server.

45. Jordbær basilikum prosciutto grillet ost

Ingredienser:

- 12 oz. Frisk mozzarella, skåret i skiver
- 8 skiver hvidt brød, skåret tykt
- 2 spsk blødgjort smør
- 8 friske jordbær (mellem til store), skåret i tynde skiver
- 12 friske basilikumblade, hele
- 8 skiver prosciutto, skåret tyndt
- 2 oz. balsamico glasur

Vejbeskrivelse:

a) Læg skiver brød og smør på den ene side af hver.

b) På den smurte side lægges frisk mozzarella, jordbær, basilikumblade og prosciutto i lag. Dryp med balsamico glasur; læg det resterende brød ovenpå og overfør det til en forvarmet nonstick-pande. Kog i cirka et minut, tryk ned med en spatel. Vend og gentag indtil gyldenbrun.

c) Fjern, dryp med ekstra balsamicoglasur over toppen, hvis det ønskes, skær og server.

46.   Ricotta smør og syltetøj grillet ost

Ingredienser:

- 15 oz. Ricotta
- 4 spsk mandelsmør
- 2 tsk honning
- 12 skiver pancetta (bacon kan erstattes)
- 8 skiver hvidt brød, skåret tykt
- 2 spsk blødgjort smør
- 8 spiseskefulde jordbærsyltetøj eller gelé

Vejbeskrivelse

a) I en lille røreskål kombineres mandelsmør, honning og ricotta. Sæt til side.

b) Kog pancettaen til den er sprød.

c) Læg brødskiverne ud og fordel smør på den ene side af hvert stykke. Vend brødet, og fordel ricotta/mandelsmørblandingen på den smørfrie side efterfulgt af gelé/marmelade og derefter pancetta.

d) Luk sandwichen og flyt til en forvarmet gryde ved lav til medium varme.

e) Kog i cirka 90 sekunder, tryk ned med en spatel. Flip og gentag, indtil den er gyldenbrun. Fjern, skær og server.

47.   Buffalo kylling grillet ost

Ingredienser:

- 16 oz. Mozzarella, skåret i skiver
- 4-4 oz. udbenet kyllingebryst, skåret i skiver 1/4 kop vegetabilsk olie 1/2 kop varm sauce
- 1 selleri stilk, lille
- 1 gulerod, lille
- 8 skiver hvidt brød
- 2 spsk blødgjort smør
- 1 kop blåskimmelostdressing

Vejbeskrivelse

a) Læg kyllingen på en tallerken. Smør begge sider med olien og læg dem på en forvarmet grill eller grillpande. Kog til en indre temperatur på 165 grader F, ca. 3 minutter på hver side. Fjern fra grillen og læg i varm sauce. Sæt til side.

b) Skær selleri i små stykker. Skræl gulerod og barber med et rivejern.

c) Tag 8 skiver brød, smør den ene side og fordel blåskimmelost på den anden side. På blåostsiden lægges mozzarella, kylling, selleri, gulerødder i lag og afslut med mere mozzarella.

d) Top med det andet stykke brød og læg i en nonstick-pande ved middel varme. Kog i cirka et minut, tryk ned med en spatel.

e) Vend og gentag indtil osten er smeltet og gyldenbrun. Fjern, skær og server.

48. Veggie Pizza Grillet Ost

Ingredienser:

- 16 oz. Mozzarella, skåret i skiver
- 15 oz. Ricotta
- 4 spsk parmesan, delt
- 1 aubergine, lille
- 2 røde peberfrugter
- 1 zucchini, stor
- 3/4 kop olivenolie, delt
- 1 tsk frisk hvidløg, hakket
- 4 - 8 tommer pizzaskorper, forkogte
- 1 kvist frisk rosmarin, stilket og finthakket

Vejbeskrivelse

a) Forvarm ovnen til 375 grader F.

b) Skræl aubergine og skær i 1/4 tomme skiver. Skær peberfrugt og zucchini i 1/4 tomme skiver. Læg grøntsagerne ud på en bageplade og dæk dem let med olivenolie. Bages i ovnen ved 375 grader i 15-20 minutter, indtil de er bløde.

c) Tilsæt ricotta, hvidløg og halvdelen af parmesanen i en røreskål og bland med en gaffel, indtil det er blandet. Fold for at gøre ricotta ekstra luftig. Sæt til side.

d) Læg den forbagte pizzaskorpe ud og overtræk let med den resterende olivenolie. Drys den ene side med hakket rosmarin og resterende parmesan. Vend, og fordel ricottablandingen på den ukrydrede side. Sæt til side.

e) Når grøntsagerne er færdige, samles sandwich ved at placere aubergine, zucchini og peberfrugt på ricotta-halvdelen af skorpen efterfulgt af mozzarellaen. Luk og anbring i en forvarmet stegepande eller nonstick-pande ved lav til medium varme. Sørg for, at panden er større end skorpen.

f) Kog i cirka 90 sekunder, tryk ned med en spatel. Vend og gentag indtil gyldenbrun og osten er helt smeltet. Fjern, skær og server.

49. Cheddar og surdej Grillet ost

Giv 1 portion

Ingredienser:

- 2 stykker surdejsbrød
- 1½ spsk usaltet smør
- 1½ spsk mayonnaise
- 3 skiver cheddarost

Vejbeskrivelse

a) På et skærebræt smøres hvert stykke brød med smør på den ene side.

b) Vend brødet og fordel hvert stykke brød med mayonnaise.

c) Læg osten på den smurte side af det ene stykke brød. Top det med det andet stykke brød, mayonnaisesiden udad.

d) Opvarm en nonstick-pande over medium lav varme.

e) Læg sandwichen på panden med mayonnaisesiden nedad.

f) Kog i 3-4 minutter, indtil de er gyldenbrune.

g) Vend sandwichen med en spatel og fortsæt med at lave mad, indtil den er gyldenbrun, cirka 2-3 minutter.

50. Grillet ostesandwich

Udbytte 2

Ingredienser:

- 4 skiver hvidt brød
- 3 spsk smør, delt
- 2 skiver cheddarost

Vejbeskrivelse

a) Forvarm stegepanden over medium varme.

b) Smør generøst den ene side af en skive brød. Læg brødet med smørsiden nedad på pandebunden og tilsæt 1 skive ost.

c) Smør en anden skive brød på den ene side og læg smørsiden opad ovenpå sandwichen.

d) Grill indtil let brunet og vend; fortsæt med at grille, indtil osten er smeltet.

e) Gentag med de resterende 2 skiver brød, smør og skive ost.

51. Spinat og dild Havarti på brød

SERVER 4

Ingredienser:

- 8 tynde skiver hvidt brød i italiensk landlig stil
- 3-4 spsk hvid trøffelpasta eller anden trøffel- eller trøffelporcini
- 4 ounce Taleggio ost, skåret i skiver
- 4 ounce fontina ost, skåret i skiver Blødt smør til smøring på brød

Vejbeskrivelse

a) Spred let 1 side af hver skive brød med trøffelpasta. Top 4 af skiverne med Taleggio og fontina, og top hver med endnu et trøffelpasta-spredt brød.

b) Spred let smør på ydersiden af hver sandwich, og opvarm derefter en paninipresse eller en tung nonstick-gryde over medium-høj varme.

c) Brun sandwichene, vend en eller to gange, indtil brødet er sprødt og gyldent, og osten er smeltet.

d) Server straks, duftende med trøffel og osende smeltet ost, skåret i kvarte eller lækre barer.

52. Grillet Jack på rug med sennep

SERVER 4

Ingredienser:

- 2 spsk grøn oliven tapenade
- 3 spsk mild dijonsennep
- 8 skiver rugbrød med frø
- 8-10 ounce Jack ost eller anden mild hvid ost (såsom Havarti eller Edam), skåret i skiver
- Olivenolie til pensling af brød

Vejbeskrivelse

a) Bland tapenade med sennep i en lille skål.
b) Læg brødet ud og fordel 4 af skiverne på den ene side kun med tapenadesennep efter smag. Top med osten og det andet stykke brød, og tryk derefter godt sammen.
c) Børst let ydersiden af hver sandwich med olivenolien, brun derefter i en sandwichmaskine, paninipresse eller tung nonstick-gryde, vægtet ned for at presse sandwichene, når de bruner.
d) Kog over medium-høj varme, indtil den er let sprød på ydersiden, og osten smelter indeni.
e) Serveres varm og sydende, gyldenbrun.

53.   Radicchio og Roquefort om Pain au Levain

SERVER 4

Ingredienser:

- 6-8 ounce Roquefort ost
- 8 tynde skiver pain au levain eller surdejsbrød
- 3 spsk ristede grofthakkede pekannødder
- 4-8 store blade radicchio
- Olivenolie til pensling eller blødt smør til at smøre på brød

Vejbeskrivelse

a) Fordel Roquefort-osten jævnt på alle 8 skiver brød.
b) Drys 4 af ostespredningsskiverne med pekannødder, og top hver med et stykke eller 2 af radicchioen; brug nok af bladene til at kigge ud over kanterne. Top hver med et andet stykke ostebrød og tryk sammen for at forsegle. Pensl ydersiden med olie eller smør.
c) Opvarm en tung nonstick-gryde eller paninipresse over medium-høj varme. Læg sandwichene i gryden, arbejd i 2 omgange, afhængigt af grydens størrelse. Vægt ned i henhold til **tip på** , og kog, vend en eller to gange, indtil brødet er sprødt og osten er smeltet.
d) Server straks, skåret i halve eller kvarte.

54. Hvidløg grillet ost på rug

SERVER 4

Ingredienser:

- 4 store, tykke skiver surdejsrugbrød
- 4 fed hvidløg, halveret
- 4-6 ounces fetaost, i tynde skiver eller smuldret
- 2 spsk hakket frisk purløg eller grønt løg
- Cirka 6 ounce tyndt skåret eller revet mild hvid smeltende ost såsom Jack, medium Asiago eller Chaume

Vejbeskrivelse

a) Forvarm slagtekyllingen.
b) Rist brødet let på en bageplade under grillen. Gnid begge sider med hvidløg. Hak eventuelt resterende hvidløg og stil det til side et øjeblik.
c) Læg fetaen over toppen af de hvidløgsgnedne toasts, drys med rester af hakket hvidløg, derefter med purløg, og top med den anden ost.
d) Steg indtil osten smelter og syder, let brunende i pletter, og kanterne af toasten er sprøde og brune.
e) Server med det samme, varm og osende.

55. Britisk smeltet ost og pickle

SERVER 4

Ingredienser:

- 4 skiver solidt smagfuldt hvidt eller fuldkornsbrød
- Ca. 3 spsk Pickle, groft hakket
- 6-8 ounce stærk moden cheddarost eller engelsk Cheshire, skåret i skiver

Vejbeskrivelse

a) Forvarm slagtekyllingen.
b) Anret brødet på en bageplade. Rist let under slagtekyllingen, fjern derefter og fordel picklen generøst på det let ristede brød; top med ost og kom under slagtekyllinger, indtil osten smelter.

56. Frisk mozzarella, prosciutto og figenmarmelade

SERVER 4

Ingredienser:

- 4 bløde franske eller italienske ruller (eller halvbagte, hvis de er tilgængelige)
- 10-12 ounce frisk mozzarella, tykke skiver
- 8 ounce prosciutto, skåret i tynde skiver
- $\frac{1}{4}$-$\frac{1}{2}$ kop figenmarmelade eller figenkonserves efter smag
- Blødt smør til smøring på brød

Vejbeskrivelse

a) Del hver rulle, og lag med mozzarella og prosciutto. Smør de øverste skiver med figenmarmeladen, og luk derefter op.
b) Smør let ydersiden af hver sandwich.
c) Opvarm en tung nonstick-gryde eller paninipresse over medium-høj varme. Læg sandwichene i gryden, arbejd i to omgange afhængigt af grydens størrelse. Tryk sandwichene eller luk grillen og brun dem, vend en eller to gange, indtil brødet er sprødt og osten er smeltet. Selvom rullerne starter som runde, er de, når de først er blevet presset, betydeligt fladere og kan let vendes, om end forsigtigt.

57. Sjælden roastbeef med blåskimmelost

SERVER 4

Ingredienser:

- 4 bløde surdej eller søde rundstykker
- 10-12 ounce blå ost, ved stuetemperatur for lettere spredning
- 8-10 ounce sjælden roastbeef, i tynde skiver
- Håndfuld brøndkarseblade
- Blødt smør til smøring på brød

Vejbeskrivelse

a) Del hver rulle, og fordel derefter generøst med blå ost på hver side. I hver rulle lægges roastbeef, derefter brøndkarsebladene, og luk igen, og tryk godt for at forsegle.
b) Smør let ydersiden af hver sandwich.
c) Opvarm en tung nonstick-gryde eller paninipresse over medium-høj varme.
d) Læg sandwichene i gryden, arbejd i 2 omgange, afhængigt af grydens størrelse.
e) Vægt ned i henhold til **tip** , og kog, vend en eller to gange, indtil brødet er sprødt og osten er smeltet.

58. Rød Leicester med løg

SERVER 4

Ingredienser:

- 8 tynde skiver blød fuldkornshvede, spiret hvedebær, dild eller fyldig hvid, såsom kartoffelbrød
- ½ mellemstort løg, pillet og skåret i meget tynde skiver på tværs
- 10-12 ounce mild Cheddar-type ost
- Olivenolie til pensling eller blødt smør til at smøre på brød
- En mild, spunky, meget interessant sennep efter eget valg

Vejbeskrivelse

a) Læg brødskiverne ud. Top 4 stykker brød med et enkelt lag løg, derefter nok ost til at dække brødet og løget helt. Top hver med de resterende skiver brød for at danne sandwich, og tryk godt sammen.
b) Pensl ydersiden af sandwichene med olivenolie eller smør med blødt smør.
c) Opvarm en tung nonstick-gryde eller sandwichpresse over medium-høj, tilsæt derefter sandwichene og reducer varmen til medium. Læg en vægt ovenpå , hvis du bruger en stegepande, sænk varmen, hvis den truer med at brænde på. Tjek af og til; når de er gyldne og flagerbrune på den ene side, vend dem, vægt ned og brun den anden side.
d) Server straks, skåret i tern eller trekanter, ledsaget af sennep til dupning.

59.   Spinat og dild Havarti på brød

SERVER 4

Ingredienser:

- 2 fed hvidløg, hakket
- 2 spsk ekstra jomfru olivenolie, delt
- 1 kop kogt, hakket spinat, drænet og presset tør
- 8 skiver flerkornsbrød eller 1 stykke focaccia, ca. 12 × 15 tommer, skåret vandret
- 8 ounce dild Havarti, skåret i skiver

Vejbeskrivelse

a) Opvarm hvidløget i 1 spsk olivenolie i en kraftig nonstick-gryde ved middel-lav varme, tilsæt spinaten og kog sammen et øjeblik eller to for at varme igennem.
b) På 4 skiver af brødet (eller det nederste lag af focacciaen), anbring osten, og top med spinaten og et andet stykke brød (eller toppen af focacciaen).
c) Tryk sammen for at forsegle godt, og pensl derefter let ydersiden af sandwichene med den resterende olivenolie.
d) Brun sandwichene i gryden, vægt dem , eller i en panini-presse over medium-høj varme. Kog til den er let sprød og gylden på den ene side, vend derefter og brun den anden side. Når osten er smeltet er sandwichen klar.
e) Server straks, skær på diagonalen.

60. Åben grillet cheddar og dild pickle

SERVER 4

Ingredienser:

- 4 skiver hvidt brød af god kvalitet
- 6-8 ounce moden cheddarost, i tynde skiver
- 1-2 søde cornichoner eller kosher dild pickles, skåret i tynde skiver

Vejbeskrivelse

a) Forvarm slagtekyllingen.
b) Rist brødet let under slagtekyllingen, og top derefter hver skive med lidt ost, pickle og mere ost. Steg indtil osten smelter og kanterne af brødet bliver sprøde og brunede.
c) Server med det samme, skåret i kvarte.

61.   Harry's Bar Special

GØR 12; SERVER 4

Ingredienser:

- 6 ounce Gruyère, Emmentaler eller anden schweizisk ost, revet groft
- 2-3 ounce røget skinke i tern
- En generøs knivspids tør sennep
- Et par shakes af Worcestershire sauce
- 1 spsk piskefløde eller creme fraiche, eller nok til at holde det hele sammen
- 8 meget tynde skiver tæt hvidt brød, skorper skåret af
- Olivenolie til pensling eller blødt smør til at smøre på brød

Vejbeskrivelse

a) I en mellemstor skål kombineres osten med røget skinke, sennep og Worcestershire sauce. Bland godt, bland derefter fløden i, tilsæt lige nok til, at den danner en fast blanding og holder sammen.
b) Fordel ost- og skinkeblandingen meget tykt på 4 stykker af brødet og top med de 4 andre. Tryk godt sammen og skær sandwich i 3 fingre hver.
c) Pensl ydersiden af sandwichene med olivenolie, brun derefter over medium-høj varme i en tung nonstick-gryde, og tryk dem ned med din spatel, mens de koger. Når de er let sprøde på den første side, vend dem og brun den anden side.
d) Serveres varmt, med det samme.

62. Casse Croûte af blåskimmelost og Gruyère

SERVER 4

Ingredienser:

- 1 baguette, delt på langs og let udhulet
- 2-3 spsk blødt smør til smøring på brød
- 1-2 spsk tør hvidvin
- 3-4 fed hvidløg, hakket
- 8-10 ounce smagfuld blåskimmelost
- 8-10 ounce Gruyère
- Rivning af muskatnød

Vejbeskrivelse

a) Forvarm slagtekyllingen.
b) Fordel baguettehalvdelene let på indersiden med smørret, og drys derefter med lidt af hvidvinen og lidt af hvidløget. Læg et lag på ostene, afslut med et lag af Gruyère, og afslut med en rivning af muskatnød, det resterende hvidløg og et par dråber mere af vinen.
c) Steg sandwichene, indtil osten smelter og syder, og kanterne af brødet er sprøde og brune.
d) Skær i stykker på et par centimeter lange, og server med det samme.

63. Sprød trøffel Comté med sorte kantareller

SERVER 4

Ingredienser:

- 1 ounce friske eller ½ ounce tørrede sorte kantarelsvampe
- 6 spsk usaltet smør
- ¼ kop svampe- eller grøntsagsbouillon
- 2 spsk sort trøffelolie, eller efter smag

Sandwicher

- 1 baguette, skåret i tynde skiver på en let diagonal
- 8 ounces Comté ost, skåret ca. 1/8 tommer tykke og skåret, så de passer til de små skiver baguette
- 1-2 spsk ekstra jomfru olivenolie til pensling af brød
- 1-2 fed hvidløg, hakket
- 1-2 spsk hakket frisk purløg eller fladbladet persille

Vejbeskrivelse

a) **sauterede** kantareller: Hvis du bruger friske svampe, vask og tør dem, og hak dem fint. Hvis du bruger tørrede svampe, hæld svampebouillonen, der er opvarmet til lige kogning, over svampene for at genvande. Lad det sidde tildækket i cirka 30 minutter, eller indtil det er blødt og smidigt. Fjern fra væsken og pres tør, og reserver væsken til madlavningen nedenfor. Hak de rehydrerede svampe og fortsæt som med friske.

b) Varm smørret op over medium varme i en tung nonstick-gryde; når de er smeltet og nøddebrune, tilsæt svampene og syd et par øjeblikke i det varme smør. Hæld bouillon i og kog over medium-høj varme, indtil væsken er næsten fuldstændig fordampet, 5 til 7 minutter. Fjern fra varmen og hæld i en skål. Lad det afkøle et par minutter, tilsæt derefter trøffelolien, og rør godt rundt, og bland det kraftigt.

c) Læg baguetteskiverne ud; smør halvdelen af dem med den trøffelde svampeblanding, top derefter skiver af osten og til sidst de resterende stykker baguette. Tryk godt sammen; sandwichene, der er små med et relativt tørt fyld, har en tendens til at falde fra hinanden. Når sandwichene er brune, smelter osten og holder dem sammen.

d) Pensl ydersiden af hver sandwich let med olivenolien. Opvarm en tung nonstick-gryde over medium-høj varme, og tilsæt derefter sandwichene, og arbejd i partier efter behov. Top med en vægt og reducer varmen til medium eller medium-lav. Brun sandwichene, vend en eller to gange, indtil brødet er sprødt og gyldent, og osten er smeltet. Drys med lidt af hvidløg og purløg, og server.

e) Dryss hvidløg på lige før du tager det ud af panden, bevarer den skarpe og stærke smag af det rå hvidløg, så hver lille sandwich smager som en hvidløgscrouton fyldt med ost og trøffel. Gentag med de resterende sandwich, og fjern eventuelle rester af hvidløg fra panden, så det ikke brænder på næste omgang sandwich bruning.

64. Gedeost toasts med krydderier

GØR 12; SERVER 4

Ingredienser:

- 12 tynde baguetteskiver
- Ekstra jomfru oliven olie
- 3-4 ounce let lagret gedeost
- Cirka ¼ tsk malet spidskommen
- ½ tsk timian
- ¼-½ tsk paprika
- Omkring 1/8 tsk malet koriander
- 2 fed hvidløg, hakket
- 1-2 spsk hakket frisk koriander

Vejbeskrivelse

a) Forvarm slagtekyllinger.
b) Pensl baguetteskiverne med olivenolie, læg dem i et enkelt lag på en bageplade, og rist dem let under grillen på hver side.
c) Top de ristede baguetteskiver med osten, og drys derefter med spidskommen, timian, paprika, koriander og hakket hvidløg. Dryp med olivenolie og steg, indtil osten smelter let og bruner i pletter.
d) Drys med koriander og server med det samme.

65. Roquefort-sandwich og roemarmelade

GØR 8; SERVER 4

INGEFREDE RØDEMALADE

Ingredienser:

- 3 mellemstore rødbeder (16 til 18 ounce i alt), hele og uskrællede
- 1 løg i kvarte, plus ½ løg, hakket
- ½ kop rødvin
- Cirka ¼ kop rødvinseddike
- Cirka 2 spsk sukker
- 2 spsk rosiner eller tørrede figner i tern
- Cirka ½ teskefuld hakket skrællet frisk ingefær
- Knip fem-krydderi pulver, nelliker eller allehånde

Sandwicher

- 16 meget tynde skiver diagonale stykker gammel baguette eller tynde skiver gammel ciabatta
- 6 ounces Roquefort ost
- Cirka 1 spsk olivenolie til pensling af brød
- Omkring 2 kopper (3 ounce) brøndkarse

Vejbeskrivelse

a) Forvarm ovnen til 375°F.

b) Sådan laver du roemarmeladen: Placer rødbederne, kvarte løg og rødvin i en bradepande, der lige er stor nok til, at de har et par centimeter mellemrum. Dæk gryden med aluminiumsfolie, og bag derefter i en time, eller indtil rødbederne er møre. Fjern, afdæk og lad det køle af.
c) Når det er afkølet, slip skindet fra rødbederne, og skær derefter i $\frac{1}{4}$ til $1/8$ -tommers stykker. Hak det kogte løg groft og kom det sammen med de ristede rødbeder i tern og kogesaften fra panden i en gryde sammen med det hakkede råløg, eddike, sukker, rosiner, ingefær og flere spiseskefulde vand.
d) Bring i kog og kog ved middelhøj varme, indtil løget er blødt, og det meste af væsken er fordampet. Lad det ikke brænde. Fjern fra varmen og juster smag med mere sukker og eddike. Krydr meget subtilt - kun en knivspids - med pulver med fem krydderier. Sæt til side. Gør omkring 2 kopper.
e) For at lave sandwich: Læg 8 af baguetteskiverne ud og fordel hver tykt med Roquefort ost. Top hver med de resterende skiver baguette og tryk godt sammen for at holde. Pensl hver side af de små sandwich med en lille mængde olivenolie.
f) Opvarm en tung nonstick-gryde over medium-høj varme og læg sandwichene i den. Reducer varmen til medium-lav eller medium. Kog sandwichene til de bliver sprøde gyldne på den første side, tryk let sammen med spatelen, vend derefter og brun den anden side let.
g) Anret de sprøde, varme smørrebrød på en tallerken, pyntet med en tot eller to brøndkarse og en generøs skefuld af rødbedemarmeladen.

66. Bocadillo fra øen Ibiza

SERVER 4

TUN OG RØD PEBERSPREDE

Ingredienser:

- 6 ounce hvid-kød tun, pakket i olivenolie, drænet
- 1 rød peber, ristet, skrællet og hakket (fra en krukke er fint)
- ½ løg, finthakket
- 4-6 spsk mayonnaise
- 1 spsk ekstra jomfru olivenolie
- 1-2 tsk paprika
- Et par dråber frisk citron
- Juice
- Salt
- Sort peber

Sandwicher

- 8 skiver soltørret tomatbrød
- 8 ounces lagret Gouda ost, Jack eller hvid Cheddar
- Olivenolie til pensling af brød

Vejbeskrivelse

a) For at lave tunblandingen: Bryd tunen op med en gaffel i en mellemstor skål, og bland derefter med rød peber, løg, mayonnaise, ekstra jomfru olivenolie, paprika, citronsaft, salt og peber. Juster mængden af mayonnaise for at opnå en dejlig tyk konsistens.
b) Sådan laver du sandwichene: Arranger 4 skiver af brødet og top hver med en fjerdedel af osten. Top med tunblandingen, derefter med det resterende brød.
c) Pensl let ydersiden af sandwichene med olivenolien. Varm en tung nonstick-gryde op over medium-høj varme og tilsæt sandwichene.
d) Væg dem ned med bunden af en tyk bradepande , ikke for at presse dem, men for at holde toppene på og holde dem flade, mens osten smelter. Sænk varmen til medium, og steg på den første side, indtil brødet er sprødt og gyldent, vend derefter og gentag.
e) Løft vægtepanden af og til for at tjekke situationen med osten.
f) Når det smelter – og du kan mærke det, fordi der vil sive en lille smule ud – og brødet er gyldent og sprødt, skal du fjerne det fra panden. Hvis brødet bliver for mørkt, før osten smelter, skrues ned for varmen.
g) Server med det samme, varm og sydende-sprød.

67. Club **Grillet** Sandwich

SERVER 4

Ingredienser:

- 3 spsk mayonnaise
- 1 spsk kapers, drænet
- 8 tykke skiver bacon
- 8 tynde skiver pain au levain, skåret af et halvt stort brød (ca. 10 tommer lang, 5 tommer bred)
- 8 ounce Beaufort, Comté eller Emmentaler ost, skåret i skiver
- 2 modne tomater, skåret i skiver
- 2 pocheret, ristet eller grillet udbenet kyllingebryst i skiver
- Olivenolie til pensling af brød
- Cirka 2 kopper rucola blade
- Cirka 12 blade frisk basilikum

Vejbeskrivelse

a) I en lille skål kombineres mayonnaisen med kapers. Sæt til side.
b) Steg baconen i en kraftig nonstick-gryde, indtil den er sprød og brun på begge sider. Tag af panden og afdryp på absorberende køkkenrulle.
c) Læg 4 stykker af brødet på en bordplade og top hver med et lag ost, derefter et lag tomater, bacon og til sidst kyllingen.

d) Fordel generøst kapersmayonnaisen på de 4 resterende skiver brød og top hver sandwich. Tryk for at lukke tæt.
e) Pensl ydersiden let med olivenolie.
f) Opvarm en tung nonstick-gryde eller paninipresse over medium-høj varme. Tilføj sandwichene, arbejd i to omgange, hvis du har brug for det. Vægt sandwichene let ned, reducer varmen til medium, og kog indtil bunden af brødet er brunet i pletter, og osten er smeltet en smule.
g) Vend forsigtigt om, og brug dine hænder til at stabilisere sandwichene på spatelen, hvis de truer med at falde fra hinanden. Brun på den anden side, uden vægt, men tryk lidt på sandwichene for at konsolidere dem og holde dem sammen.
h) Fjern fra panden, åbn toppen af alle 4 sandwich, og stop en håndfuld rucola og et par basilikumblade, og luk dem alle sammen.
i) Skær i halve og server med det samme.

68. Welsh Rarebit med pocheret æg

SERVER 4

Ingredienser:

- 4 store æg
- Et par dråber hvidvinseddike
- 4 skiver fuldkorns- eller surdejsbrød eller 2 halverede engelske muffins
- Cirka 2 spsk blødt smør
- 12 ounce skarp Cheddar eller Cheshire ost, groft strimlet
- 1-2 grønne løg, skåret i tynde skiver
- 1-2 tsk ale eller pilsner (valgfrit)
- ½ tsk fuldkorns sennep og/eller flere knivspidser pulveriseret tør sennep
- Flere generøse shakes af Worcestershire sauce
- Flere shakes af cayennepeber

Vejbeskrivelse

a) Pochere æggene: Knæk hvert æg og læg dem i en kop eller ramekin. Bring en dyb stegepande fyldt med vand i kog; sænk varmen og lad det koge kogende. Salt ikke vandet, men tilsæt i stedet et par shakes eddike. Hæld hvert æg i det let kogende vand.

b) Kog æggene, indtil hviderne er faste og blommerne stadig flydende, 2 til 3 minutter. Fjern med en hulske og læg på en tallerken for at dryppe overskydende vand af.

c) Forvarm slagtekyllingen.
d) Rist brødet let under grillen og smør det let.
e) Anret brødet på en bageplade. Top hvert stykke med 1 af de pocherede æg.
f) I en mellemstor skål blandes Cheddar, grønne løg, ale, sennep, Worcestershire sauce og cayennepeber sammen. Hæld forsigtigt osteblandingen jævnt over de pocherede æg, og pas på ikke at knække blommerne.
g) Steg de toasts med ost og æg, indtil osten smelter til en klæbrig sauce-lignende blanding, og kanterne af ost og toast både sprøde og brune. Server med det samme.

69. En varm muffaletta

SERVER 4

Ingredienser:

- 4 bløde franske ruller
- Ekstra jomfru oliven olie
- Et par shakes hist og her af rødvinseddike
- 4-6 fed hvidløg, hakket
- 3—4 teskefulde kapers, drænet
- 2—3 store knivspidser tørret oregano, smuldret
- ½ kop ristet rød peberfrugt hakket eller i tern
- 4 milde syltede peberfrugter, såsom græske eller italienske, skåret i skiver
- ½ rødt eller andet mildt løg, meget tynde skiver
- ½ kop pimiento-fyldte grønne oliven, skåret i skiver
- 1 stor tomat, skåret i tynde skiver
- 4 ounces tørret salami, i tynde skiver
- 4 ounce skinke, røget kalkun
- 8 ounce tynde skiver provolone ost

Vejbeskrivelse

a) Åbn rullerne og træk lidt af deres luftige indre ud. Drys hver snitside med olivenolie og eddike, derefter med hvidløg, kapers og oregano. På 1 side af hver rulle lægges rød peber,

syltede peberfrugter, løg, oliven, tomat, salami, skinke og til sidst osten. Luk tæt og tryk godt sammen for at hjælpe med at forsegle.
b) Varm en tung nonstick-gryde op over medium-høj varme og pensl let ydersiden af hver rulle med olivenolie. Læg sandwichene i gryden og vægt ned , eller læg dem i en paninipresse.
c) Steg til den er gyldenbrun på den ene side, vend derefter og brun den anden side. Sandwich er klar, når de er sprødt gyldne og osten har sivet lidt og nogle steder sprødt. Skær i halve, og spis med det samme.

70. cubansk sandwich

SERVER 4

Ingredienser:

Mojo sauce

- 2 spsk ekstra jomfru olivenolie
- 8 fed hvidløg, skåret i tynde skiver
- 1 kop frisk appelsinjuice og/eller grapefrugtjuice
- ½ kop frisk limesaft og/eller citronsaft
- ½ tsk stødt spidskommen Salt
- Sort peber

Sandwicher

- 1 blød baguette eller 4 bløde lange franske ruller, delt
- Blødt smør eller olivenolie til pensling af brød
- 6 ounce tynde skiver kogt eller honningstegt skinke
- 1 kogt kyllingebryst, ca. 6 ounce, skåret i tynde skiver
- 8 ounce smagfuld ost som Gouda, manchego eller Edam, skåret i skiver
- 1 dild, kosher dild eller sød pickle, skåret i tynde skiver
- Cirka 4 blade smør eller Boston Bibb-salat
- 2-3 mellemstore, modne tomater, skåret i skiver

Vejbeskrivelse

a) For at lave Mojo-sauce: Opvarm forsigtigt olivenolie og hvidløg i en lille kraftig stegepande, indtil hvidløget er let gyldent, men ikke brunet, cirka 30 sekunder. Tilsæt citrussaft, spidskommen, salt og peber efter smag, og tag det af varmen. Lad køle af, smag til og juster til krydderier. Holder sig op til 3 dage i køleskabet. Giver 1½ kop.
b) Forvarm slagtekyllingen.
c) Sådan laver du sandwichene: Træk lidt af den luftige inderside ud af hver rulle. Kassér det udtrukne brød eller opbevar det til anden brug. Pensl begge sider af rullerne med en lille smule blødt smør eller olivenolie. Rist let under slagtekyllingen på hver side, og tag derefter af varmen.
d) Sprøjt lidt af mojo-saucen på de afskårne sider af brødet, og læg derefter skinke, kylling, ost og pickle i lag. Luk godt sammen og tryk sammen for at forsegle og pensl let ydersiden af sandwichene med olivenolie.
e) Opvarm en tung nonstick-gryde eller panini-presse over medium-høj varme, og brun sandwichene, og tyng dem ned . Du vil gerne presse sandwichene så flade som muligt. Kog til den er let sprød på ydersiden og osten begynder at smelte. Pres sandwichene med spatelen, når du drejer dem, så de også presses flade.
f) Når sandwichene er sprøde og brunede, tages de af panden. Åbn op, tilsæt salat og tomat, og server med det samme med ekstra mojo ved siden af.

71.   Parisisk grillet ost

SERVER 4

Ingredienser:

- 8 skiver fast, smagfuldt hvidt eller franskbrød af god kvalitet
- 4 tynde skiver kogt eller bagt skinke eller kalkunskinke
- 2 spsk usaltet blødt smør
- 4 ounces Gruyère-type ost

Vejbeskrivelse

a) Forvarm slagtekyllingen.
b) Arranger 4 skiver af brødet på en bageplade, og top derefter med skinken og de resterende skiver brød for at lave sandwich. Smør hver sandwich på ydersiden, læg derefter under slagtekyllingen, indtil den er let gylden, vend og brun på den anden side.
c) Drys ost over hele toppen af den ene side af sandwichene, og vend derefter tilbage til slagtekyllingen i et øjeblik, eller indtil osten smelter og bobler lidt hist og her. Spis med det samme med grøn salat ved siden af.

72.   Bocadillo fra øen Ibiza

SERVER 4

Ingredienser:

- 4 store bløde, flade franske eller italienske ruller
- 6-8 fed hvidløg, halveret
- 4-6 spsk ekstra jomfru olivenolie
- 1 spsk tomatpure
- 2—3 store modne tomater i tynde skiver
- Generøst drys af tørret oregano
- 8 tynde skiver spansk jamon eller lignende skinke såsom prosciutto
- Cirka 10 ounce mild og smeltende, men smagfuld ost, såsom manchego, Idiazábal, Mahon eller en californisk ost, såsom Ig Vellas semi secco eller Jack
- Blandede middelhavsoliven

Vejbeskrivelse

a) Forvarm slagtekyllingen.
b) Skær rullerne op og rist dem let på hver side under slagtekyllingen.
c) Gnid hvidløget på den afskårne side af hvert stykke brød.
d) Dryp hvidløgsbrødet med olivenolie og pensl ydersiden med lidt mere af olien. Smør let med tomatpuréen, og læg derefter de skivede tomater og deres saft på rullerne, pres tomatpureen og tomaterne i, så saften absorberes i brødet.

e) Drys smuldret oregano over, og lag derefter skinke og ost i lag. Luk op og tryk godt sammen, og pensl derefter let med olivenolie.
f) Opvarm en tung nonstick-pande eller paninipresse over medium-høj varme, og tilsæt derefter sandwichene. Hvis du bruger en pande, skal du vægte sandwichene ned .
g) Sænk varmen til middel-lav og kog indtil let sprød på ydersiden og osten begynder at smelte. Vend og brun på den anden side.
h) Skær i halve og server straks med en håndfuld blandede oliven ved siden af.

73.   Tomat og Mahon ost på Olivenbrød

GØR 4

Ingredienser:

- 10—12 friske, små salvieblade
- 3 spsk usaltet smør
- 1 spsk ekstra jomfru olivenolie
- 8 skiver landbrød
- 4 ounce prosciutto, i tynde skiver
- 10-12 ounce bjergost med fuld smag, såsom fontina, lagret Beaufort eller Emmentaler
- 2 fed hvidløg, hakket

Vejbeskrivelse

a) I en tung nonstick-gryde røres salviebladene, smør og olivenolie sammen ved middel-lav varme, indtil smørret smelter og skummer.
b) Læg imens 4 skiver brød ud, top med prosciutto, derefter fontina og derefter et drys hvidløg. Læg det resterende brød ovenpå og tryk godt sammen.
c) Læg forsigtigt sandwichene i den varme salviesmørblanding; du skal muligvis lave dem i flere partier eller bruge 2 pander. Vægt med en kraftig stegepande på toppen for at presse sandwichene ned. Kog til den er let sprød på ydersiden og osten begynder at smelte. Vend og brun på den anden side.
d) Server sandwiches varme og sprøde, skåret i diagonale halvdele. Kassér enten salviebladene eller nip dem op, sprøde og brunede.

74.   Emmentaler og pæresandwich

SERVER 4

Ingredienser:

- 8 tynde skiver pain au levain, surdej eller sur pumpernickel
- 4 ounce emmentaler ost, i tynde skiver
- 1 moden men fast pære, skrællet og meget tynde skiver
- 4 ounces Appenzell ost, i tynde skiver
- Flere knivspids spidskommen Blødt smør eller olivenolie til pensling af brød

Vejbeskrivelse

a) Læg 4 skiver af brødet på en arbejdsflade, top med et lag emmentalerost, derefter pære, så lidt Appenzell-ost og et drys spidskommen. Top hver sandwich med en anden skive brød og tryk godt sammen for at forsegle.
b) Smør ydersiden af hver sandwich let med smør. Opvarm en tung nonstick-gryde eller sandwichpresse over medium-høj varme. Læg en vægt på sandwichene. Brun, vend en eller to gange, indtil brødet er sprødt og gyldent og osten er smeltet.
c) Server med det samme.

75.   Grillet Pumpernickel og Gouda

SERVER 4

Ingredienser:

Persille-estragon sennep

- 3 spsk fuldkorns sennep
- 3 spsk mild dijonsennep
- 2 spsk hakket frisk fladbladet persille
- 1 spsk hakket frisk estragon
- 1 lille fed hvidløg, hakket
- Et par dråber rød- eller hvidvinseddike efter smag

Sandwicher

- 8 skiver blødt mørkt pumpernickelbrød
- 8 ounces lagret Gouda, manchego eller lignende nøddelagret ost
- Blødt smør eller olivenolie til pensling af brød

Vejbeskrivelse

a) For at lave persille-estragon-sennep: Kombiner fuldkorns- og dijonsennep i en lille skål og rør persille, estragon og hvidløg i. Tilsæt et par dråber eddike efter smag og stil til side. Gør omkring $1/3$ kop.

b) Sådan laver du sandwichene: Anbring 4 skiver af brødet på en bordplade. Læg et lag af osten på, og top med det andet stykke brød. Tryk sammen og fordel let eller pensl ydersiden med smørret.

c) Opvarm en tung nonstick-gryde eller paninipresse over medium-høj varme og tilsæt sandwichene. Vægt med en anden stegepande og reducer varmen til medium-lav. Kog indtil den første side er sprød og gylden, vend derefter og steg den anden side indtil osten er smeltet.
d) Server med det samme, med persille-estragon sennep ved siden, til at duppe på som ønsket.

76. Mahon ost på sort oliven brød

SERVER 4

Ingredienser:

- 8 skiver sort olivenbrød
- 1 fed hvidløg, finthakket
- 4 store, fede, modne, smagfulde tomater
- 1-2 tsk friske timianblade
- 8-10 ounce Mahon, lagret Gouda eller Mezzo Secco ost
- Olivenolie til pensling af brød

Vejbeskrivelse

a) Drys 4 af brødskiverne med hvidløg, og læg derefter tomaterne i lag (lad deres saft at synke ned i brødet). Drys tomatskiverne med timianbladene.
b) Top med et lag af osten, derefter det resterende brød, for at danne 4 sandwich. Tryk sammen for at forsegle godt. Pensl ydersiden af hver med olivenolie.
c) Opvarm en tung nonstick-gryde eller sandwichpresse over medium-høj varme og tilsæt sandwichene, og vægt dem ned. Brun sandwichene, vend en eller to gange, indtil brødet er sprødt og gyldent, og osten er smeltet, siver ud og sprød lige lidt, når den rammer panden.
d) Server med det samme.

77. Røget Tyrkiet, Taleggio og Gorgonzola

SERVER 4

Ingredienser:

- 1 blødt, fladt, luftigt italiensk brød, såsom ciabatta, eller 4 bløde italienske/franske rundstykker; hvis der findes halvbagte, så vælg disse
- 6 ounces Gorgonzola ost, i tynde skiver eller smuldret groft
- 8 ounce røget kalkun, i tynde skiver
- 1 mellemstor eller 2 små sprøde, men smagfulde æbler, uden kernehus, skrællede og meget tynde skiver
- 6 ounce Taleggio, Teleme, Jack eller en tomme de montagne ost, skåret i 4 skiver (Om du vil lade Taleggio-sværpen eller skære den af er op til dig; sværen har en lidt stærk smag, som nogle elsker, nogle eftertrykkeligt ikke .)
- Olivenolie til pensling af brød

Vejbeskrivelse

a) Skær brødet i 4 lige store stykker. Skær hvert stykke brød vandret, og lad 1 side være forbundet, hvis det er muligt.
b) Åbn de 4 stykker brød. På 1 side lag Gorgonzola, røget kalkun og skåret æble i lige store mængder. Top med Taleggio og luk sandwichene tæt, tryk fast for at lukke.
c) Pensl sandwichene, top og bund, med olivenolie, og opvarm derefter en tung nonstick-gryde over medium-høj varme. Læg sandwichene i den varme pande og skru ned for varmen med det samme til meget lav. Vægt på toppen , eller brug en sandwichpresse eller paninipresse.

d) Kog til de er gyldenbrune og ristede, vend derefter og brun den anden side let. Tjek en gang imellem for at være sikker på, at brødet ikke brænder på.
e) Server så snart begge sider er sprøde og osten er smeltet.

78. Smeltet Jarlsberg på Surdej

SERVER 4

Ingredienser:

- 8 mellemtykke skiver surdejsbrød
- 8 ounce Jarlsberg eller en mild smeltende ost som Jack
- 2 ristede røde peberfrugter i skiver eller 3 til 4 spsk hakkede ristede røde peberfrugter
- 2 fed hvidløg, skåret i tynde skiver
- 2 tsk hakkede friske rosmarinblade, eller efter smag
- Olivenolie til pensling af brød

Vejbeskrivelse

a) Arranger 4 skiver brød på en bordplade og top med ost, og tilsæt derefter rød peberfrugt, hvidløg og rosmarin. Top med de resterende brødskiver og tryk forsigtigt sammen. Pensl ydersiden af hver sandwich let med olien.
b) Opvarm en tung nonstick-gryde eller sandwichpresse over medium-høj varme og tilsæt sandwichene, arbejd i flere partier, hvis det er nødvendigt. Sænk varmen til middel-lav, og brun sandwichene langsomt (tryk med spatelen for at hjælpe med at blive sprøde), indtil de er let sprøde på ydersiden, og osten begynder at smelte. Vend om og gentag på anden side.
c) Server hver sandwich skåret i halve eller kvarte.

79. Torta af kylling, Queso Fresco og Gouda

SERVER 4

Ingredienser:

- 2 salvie/urtepølser (ca. 14 ounce), enten svinekød, kalkun eller vegetar
- 6 ounce strimlet Jack eller medium Asiago ost
- 1-2 spiseskefulde (ca. 2 ounce) friskrevet ost, såsom parmesan, locatelli Romano eller tør Jack
- 2 grønne løg, skåret i tynde skiver
- 2-3 tsk creme fraiche Knip spidskommen frø Lille knivspids gurkemeje Klap brun sennep
- Knip cayennepeber eller et par dråber varm pebersauce
- 8 tynde skiver fuldkornsbrød (såsom hvedebær, solsikkefrø eller spiret hvede)
- 2-3 spiseskefulde ekstra jomfru olivenolie
- 3 fed hvidløg, skåret i tynde skiver
- 1-2 konserverede citroner i marokkansk stil, skyllet godt og skåret i skiver eller hakket
- 1-2 tsk finthakket frisk fladbladet persille

Vejbeskrivelse

a) Skær pølserne groft, og brun dem derefter hurtigt ved middel varme i en lille nonstick-gryde. Tag det af panden, læg det på køkkenrulle og lad det køle af. Lad gryden stå på komfuret og sluk for varmen.

b) I en mellemstor skål blandes de 2 oste sammen med grønne løg, creme fraiche, spidskommen, gurkemeje, sennep og cayennepeber. Når pølsen er afkølet blandes den i osten.
c) Læg 4 skiver af brødet sammen med ost- og pølseblandingen, og top med et andet stykke brød. Dup godt ned og tryk let, men fast, så sandwichen holder sammen.
d) Genopvarm gryden over medium-høj varme og tilsæt cirka halvdelen af olivenolie og hvidløg, skub derefter hvidløget til den ene side og tilsæt 1 eller 2 sandwich, uanset hvor mange gryden end kan rumme. Kog til den er let sprød på den ene side og osten begynder at smelte.
e) Vend om og steg den anden side til den er gyldenbrun. Fjern til en tallerken og gentag med de andre sandwich, hvidløg og olie. Du kan enten kassere det let brunede hvidløg eller nappe i det; Uanset hvad du gør, så fjern det fra gryden, før det sortner, da det vil give en bitter smag til olien, hvis den brænder på.
f) Server sandwichene med det samme, rygende varme, skåret i trekanter og drysset med den konserverede citron og hakket persille.

80. Panini af Aubergine Parmigiana

SERVER 4

Ingredienser:

- ¼ kop ekstra jomfru olivenolie, eller som ønsket, delt
- 1 mellemstor aubergine, skåret ½ til ¾ tomme tykke
- Salt
- 4 store bløde rundstykker, surdej eller søde
- 3 fed hvidløg, hakket
- 8 store friske basilikumblade
- Cirka ½ kop ricottaost
- 3 spiseskefulde friskrevet parmesan, pecorino eller locatelli Romano ost
- 6-8 ounce frisk mozzarellaost
- 4 modne saftige tomater, skåret i tynde skiver (inklusive deres saft)

Vejbeskrivelse

a) Anret aubergineskiverne på et skærebræt og drys rigeligt med salt. Lad sidde i cirka 20 minutter, eller indtil dråber af fugt vises på overfladen af auberginen. Skyl det godt af, og tør derefter auberginen.

b) Opvarm 1 spiseskefuld olie i en kraftig nonstick-gryde over medium varme. Tilføj så meget af auberginen, der passer i et enkelt lag og ikke trænger hinanden. Brun aubergineskiverne, flyt rundt på dem, så de brunes og koger igennem, men ikke brænder på.

c) Vend og steg på den anden side, indtil den side også er let brunet, og auberginen er mør, når den gennembores med en gaffel. Når aubergine er kogt, tages den ud på en tallerken eller pande, og fortsæt med at tilføje aubergine, indtil de alle er kogte. Stil til side i et par minutter.

d) Åbn rullerne og træk lidt af det luftige inderside ud, og drys derefter hver snitside med hakket hvidløg. På den ene side af hver rulle, læg en skive eller 2 aubergine, og top med et blad eller 2 basilikum, lidt ricottaost, et drys parmesan og et lag mozzarella. Afslut med skivede tomater; luk op og tryk forsigtigt for at forsegle sammen.

e) Varm den samme stegepande op over medium-høj varme eller brug en paninipresse, og pensl smørrebrødene let med en smule olivenolie på ydersiden. Brun eller grill sandwichene, tryk efterhånden som de brune og sprøde.

f) Når den første side er brunet igennem, vendes og den anden side brunes til osten er smeltet. Server med det samme.

81.   Grillet aubergine og chaumes,

SERVER 4

Ingredienser:

RØD CHILI AIOLI

- 2-3 fed hvidløg, hakket
- 4-6 spsk mayonnaise Saft af ½ citron eller lime (ca. 1 spsk eller efter smag)
- 2-3 tsk chilipulver 1 tsk paprika
- ½ tsk stødt spidskommen Stor knivspids tørrede oreganoblade, knust
- 2 spsk ekstra jomfru olivenolie
- Flere shakes røget chilesauce såsom Chipotle Tabasco eller Buffala
- 2 spsk grofthakket frisk koriander
- 1 aubergine, skåret på tværs i ¼- til ½ tomme tykke skiver Olivenolie
- 4 bløde hvide eller surdejsruller eller 8 skiver hvidt eller surdejsbrød i landlig stil
- ¾ kop marineret ristet rød og/eller gul peberfrugt
- Omkring 12 ounce semi-blød, men smagfuld ost

Vejbeskrivelse

a) For at lave den røde chili-aioli: Kombiner hvidløget i en lille skål med mayonnaise, citronsaft, chilipulver, paprika, spidskommen og oregano; rør godt sammen. Med din ske eller et piskeris, pisk olivenolien i, tilsæt olien et par teskefulde ad gangen og pisk det, indtil det er inkorporeret i blandingen, før du tilføjer resten.

b) Når det er glat, rystes røget chilisauce i efter smag, og til sidst røres koriander i. Dæk til og afkøl indtil klar til brug. Gør omkring $1/3_{\text{kop}}$.

c) For at forberede auberginen skal du let pensle aubergineskiverne med olivenolie og varme en tung nonstick-gryde op over medium-høj varme. Brun aubergineskiverne på hver side, indtil de er let brunede og møre, når de gennembores med en gaffel. Sæt til side.

d) Sådan laver du sandwichene: Læg de åbne bløde ruller ud og lag den røde chili-aioli generøst på indersiden. Læg aubergineskiver på den ene side af rullerne, derefter peberfrugterne og derefter et lag af osten. Luk op og tryk godt sammen. Pensl let ydersiden af hver sandwich med olivenolie.

e) Varm panden op igen over medium-høj varme, tilsæt derefter sandwichene og reducer varmen til medium-lav. Vægt sandwichene ned , og kog i et par minutter. Når bundbrødet er gyldent og lidt brunet nogle steder, vendes det og steges på den anden side, tilsvarende vægtet.

f) **5** Når også den side er gylden og sprød, skal osten være smeltet og klistret; det kan sive lidt ud og sprødt som det gør. (Smid ikke disse lækre sprøde stykker ud, bare plad dem på hver tallerken sammen med sandwichen.)

g) Fjern sandwichene til tallerkener; skæres i halve og serveres.

h) Smoky Bacon og Cheddar med Chipotle Relish

i) Smoky chipotle relish, en klat af syrlig sennep, kødfuld røget bacon og stærk skarp Cheddar – der er intet subtilt ved denne sandwich med stor smag. Prøv også chipotle relish på en hamburger! Et glas cerveza med en kile lime på siden kommer tæt på perfektion.

82. Svampe og smeltet ost på Pain au Levain

SERVER 4

Ingredienser:

- 1-1½ ounce tør porcini eller cèpes,
- Cirka ½ kop tung fløde
- Salt
- Et par korn cayennepeber
- Et par dråber frisk citronsaft
- ½ tsk majsstivelse, blandet med 1 tsk vand
- 8 skiver pain au levain eller andet franskbrød
- Ca 1 spsk blødt smør til smøring på brød
- 2 fed hvidløg, finthakket
- 8-10 ounces skåret pecorino, fontina eller Mezzo Secco ost
- 4 spsk friskrevet parmesanost
- Cirka ¼ kop finthakket frisk purløg

Vejbeskrivelse

a) Kombiner svampene og 2 kopper vand i en tyk gryde. Bring det i kog, reducer derefter varmen og lad det simre, indtil væsken næsten er fordampet, og svampene er bløde, 10 til 15 minutter.

b) Rør fløden i, og vend tilbage til varmen i et par minutter, og smag derefter til med salt, kun et korn eller to cayenne og kun en dråbe eller to citronsaft.

c) Rør majsstivelsesblandingen i og varm op ved middel-lav varme, indtil den tykner. Det skal tykne, så snart kanterne begynder at boble. Fordi creme kan variere i tykkelse, er der ingen måde at vide præcis, hvor meget majsstivelse du skal bruge.
d) Når den er tyk nok, lad blandingen køle af ved stuetemperatur. Det vil tykne yderligere, når det afkøles. Du vil have en tyk smørbar konsistens.
e) Læg alt brødet ud og pensl 1 side af hver skive meget let med smør. Vend dem alle sammen, og drys derefter hvidløg på 4 af dem. Top med skiverne af pecorino, nogle af champignonklumperne fra saucen og et drys parmesan.
f) På de øvrige 4 stykker brød (smørfri side) fordeles svampesaucen tykt. Luk sandwichene tæt. De smørsmurte sider vil være på ydersiden.
g) Opvarm en tung nonstick-gryde over medium-lav varme. Tilsæt sandwichene, 1 eller 2 ad gangen, afhængigt af pandens størrelse, og vægt dem med en kraftig stegepande).
h) Kog til brødet er gyldent og let brunet stedvis, dejligt sprødt, og osten begynder at sive. Vend om og gentag, indtil den anden side er lige så gylden og sprød som den første, og tilsæt det hakkede hvidløg til gryden i det sidste minuts tilberedning. Osten skal være flydende nu, med et par stykker sive ud og let sprøde i kanten af skorpen.
i) Læg på en tallerken, skær i halve eller kvarte, og drys pladen med purløg. Spis med det samme. Der er intet så blødt som en kold grillet ostesandwich.

83. Siciliansk sydeost med kapers og artiskokker

SERVER 4

Ingredienser:

- 4—6 marinerede artiskokhjerter, skåret i skiver
- 4 tykke skiver landbrød, enten sødt eller surdej
- 12 ounce provolone, mozzarella, manouri eller anden mild og smeltbar ost, revet
- 2 spsk ekstra jomfru olivenolie
- 4 fed hvidløg, meget tynde skiver eller hakket
- Cirka 2 spsk rødvinseddike
- 1 spsk kapers i lage, drænet
- 1 tsk smuldret tørret oregano
- Flere slibninger sort peber
- 1-2 tsk hakket frisk fladbladet persille

Vejbeskrivelse

a) Forvarm slagtekyllingen.
b) Arranger artiskokkerne på brødet og læg dem på en bageplade, og top med osten.
c) Opvarm olivenolien over medium-høj varme i en tung nonstick-gryde, tilsæt derefter hvidløg og brun den let. Tilsæt rødvinseddike, kapers, oregano og sort peber, og kog

et minut eller to, eller indtil væsken reduceres til omkring 2 teskefulde. Rør persillen i. Hæld det ostetoppede brød over.
d) Steg indtil osten smelter, bobler og bliver gylden pletter. Spis med det samme.

84. Siciliansk sydeost med kapers og artiskokker

SERVER 4

Ingredienser:

- 4—6 marinerede artiskokhjerter, skåret i skiver
- 4 tykke skiver landbrød, enten sødt eller surdej
- 12 ounce provolone, mozzarella, manouri eller anden mild og smeltbar ost, revet
- 2 spsk ekstra jomfru olivenolie
- 4 fed hvidløg, meget tynde skiver eller hakket
- Cirka 2 spsk rødvinseddike
- 1 spsk kapers i lage, drænet
- 1 tsk smuldret tørret oregano
- Flere slibninger sort peber
- 1-2 tsk hakket frisk fladbladet persille

Vejbeskrivelse

e) Forvarm slagtekyllingen.
f) Arranger artiskokkerne på brødet og læg dem på en bageplade, og top med osten.
g) Opvarm olivenolien over medium-høj varme i en tung nonstick-gryde, tilsæt derefter hvidløg og brun den let. Tilsæt rødvinseddike, kapers, oregano og sort peber, og kog et minut eller to, eller indtil væsken reduceres til omkring 2 teskefulde. Rør persillen i. Hæld det ostetoppede brød over.

h) Steg indtil osten smelter, bobler og bliver gylden pletter. Spis med det samme.

85. Scaloppine og Pesto sandwich

SERVER 4

Ingredienser:

- To 4- til 5-ounce udbenet skindfri kyllingebryst eller koteletter af svinekød, kalkun eller kalvekød
- Salt
- Sort peber
- 2 spsk ekstra jomfru olivenolie, delt
- 3 fed hvidløg, hakket, delt
- 2 zucchinier, skåret i meget tynde skiver og duppet tørre
- 2 spsk basilikumpesto, eller efter smag
- 2 spsk revet parmesan, grana eller locatelli Romano ost
- 4 bløde surdejsruller eller fire 6-tommer stykker focaccia, halveret
- 8-10 ounce mozzarella, indenlandsk eller dansk fontina, eller Jack cheese, skåret i skiver

Vejbeskrivelse

a) Pund kødet med en kødhammer; hvis den er tyk, skæres kyllingen i meget tynde stykker. Drys med salt og peber.
b) Opvarm en tung nonstick-gryde over medium-høj varme, og tilsæt derefter 1 spsk af olien, kødet og til sidst cirka halvdelen af hvidløget. Brun kødet hurtigt på den ene side, derefter på den anden side, tag det derefter af panden, og hæld eventuelle stykker saft og hvidløg over kødet.

c) Sæt gryden tilbage på medium-høj varme, og tilsæt endnu en teskefuld eller deromkring af olien. Sauter zucchinien til den er lige akkurat mør. Fjern til en skål; smag til med salt og peber. Når det er afkølet, røres det resterende hvidløg, pestoen og parmesanosten i. Lad blandingen køle af i en skål; skyl og tør panden.
d) Med fingrene river du en lille smule af den luftige inderside af hver rulle ud for at gøre plads til fyldet. Varm panden op igen over medium-høj og rist let de afskårne sider af hver rulle. Du bliver nødt til at trykke lidt på dem; de kan rive lidt, men det er okay. De vil gå sammen igen, når de er brunet og presset med deres fyld på plads.
e) Ind i halvdelen af hver rulle fyldes flere spiseskefulde af zucchini-pesto-blandingen, og top med et lag af kødet og mozzarellaen. Luk op og tryk godt sammen for at forsegle godt.
f) Pensl den resterende olie på ydersiden af sandwichene. Varm gryden op igen over medium-høj varme. Væg sandwich for at hjælpe med at presse dem ned og holde dem sammen. Reducer varmen til medium-lav og kog indtil den første side er sprød og gylden og osten begynder at smelte. Vend om og gentag.
g) Server når sandwichene er sprøde gyldne og osten smelter forførende.

86. Mozzarella, Basilikum Piadine

SERVER 4

Ingredienser:

- 4 piadine eller mellemstore (12-tommer) meltortillas
- 3-4 spsk tomatpure
- 1 stor moden tomat, skåret i tynde skiver
- 1-2 fed hvidløg, hakket
- 4-6 ounce frisk mozzarellaost, skåret i skiver
- Cirka 12 blade thailandsk eller vietnamesisk basilikum (eller almindelig basilikum)
- Omkring 3 ounce Gorgonzola ost, skåret eller smuldret
- 2-3 spsk friskrevet parmesan eller anden riven ost såsom Asiago eller grana
- Ekstra jomfru olivenolie til drypning

Vejbeskrivelse

a) Forvarm slagtekyllingen.
b) Læg piadinen ud på 1 eller 2 bageplader og fordel dem med en smule af tomatpureen, læg derefter en lille mængde af tomaten i lag, og drys med hvidløg. Top med mozzarella, basilikum og gorgonzola, drys med parmesan, og dryp derefter med olivenolie.
c) Steg, arbejd om nødvendigt i portioner, indtil osten smelter, og sandwichene er sydende varme. Server med det samme.

87.   Quesadillas på græskartortillas

SERVER 4

Ingredienser:

- 2 store milde grønne chili såsom Anaheim eller poblano, eller 2 grønne peberfrugter
- 1 løg, hakket
- 2 fed hvidløg, hakket
- 1 spsk ekstra jomfru olivenolie
- 1-pund magert hakkebøf
- 1/8 – 1/4 tsk stødt kanel, eller efter smag
- 1/4 tsk stødt spidskommen Knip stødt nelliker eller allehånde
- 1/3 kop tør sherry eller tør rødvin
- 1/4 kop rosiner
- 2 spsk tomatpure
- 2 spsk sukker
- Et par shakes rødvin eller sherryeddike
- Salt
- Sort peber
- Et par shakes af cayenne, eller Tabasco, hvis du bruger peberfrugt i stedet for chili
- 1/4 kop grofthakkede mandler

- 2-3 spsk grofthakket frisk koriander, plus ekstra til pynt
- 8 græskar tortillas
- 6-8 ounce mild ost som Jack, manchego eller Mezzo Secco
- Olivenolie til pensling af tortillas
- Cirka 2 spsk creme fraiche til pynt

Vejbeskrivelse

a) Rist chili eller peberfrugt over åben ild, indtil de er forkullede let og jævnt over det hele. Læg i en plastikpose eller skål, og dæk til. Stil til side i mindst 30 minutter, da dampen hjælper med at skille skindet fra kødet.
b) Forbered picadilloen: Svits løg og hvidløg i olivenolien ved middel varme, indtil det er blødt, tilsæt derefter oksekødet og steg det sammen, rør og bryd kødet, mens du tilbereder. Når kødet er brunet i pletter, drys med kanel, spidskommen og nelliker og fortsæt med at koge og røre.
c) Tilsæt sherry, rosiner, tomatpure, sukker og eddike. Kog sammen i ca. 15 minutter, mens du rører en gang imellem; hvis det virker tørt, tilsæt lidt vand eller mere sherry. Smag til med salt, peber og cayennepeber, og smag til med sukker og eddike. Tilsæt mandler og koriander og stil til side.
d) Fjern skind, stilke og frø fra peberfrugterne, og skær derefter peberfrugterne i strimler.
e) Læg 4 af tortillaerne ud og fordel med picadilloen. Tilsæt de ristede peberstrimler, derefter et lag af osten, og top hver med en anden tortilla. Tryk godt ned for at holde dem sammen.

f) Opvarm en tung nonstick-gryde over medium-høj varme. Pensl ydersiden af quesadillaerne let med olivenolie, og kom dem i gryden, arbejde i omgange.
g) Sænk varmen til medium-lav, brun på den ene side, og vend derefter forsigtigt ved hjælp af spatelen med vejledning fra din hånd, hvis det er nødvendigt. Steg på den anden side, indtil den er gylden i pletter og osten er smeltet.
h) Server straks, skåret i tern, pyntet med en klat creme fraiche og koriander.

88. Grillet fåreost Quesadillas

SERVER 4

Ingredienser:

- 8 store mel tortillas
- 1 spsk hakket frisk estragon
- 2 store modne tomater, skåret i tynde skiver
- 8–10 ounce let tør fåreost
- Olivenolie, til pensling af tortillas

Vejbeskrivelse

a) Læg tortillas ud på en arbejdsflade, drys med estragon, og lag med tomater. Top med osten og dæk hver med en anden tortilla.
b) Pensl hver sandwich med olivenolie, og opvarm en tung nonstick-gryde eller flad grill over medium varme. Arbejd 1 ad gangen, kog quesadillaen på 1 side; når den er plettet let med gyldenbrun og osten smelter, vend den om og steg den anden side, tryk mens den koges for at flade den.
c) Server straks, skåret i tern.

89. Toast med jordbær og flødeost

SERVER 4

Ingredienser:

- 8 mellemtykke skiver blødt, sødt hvidt brød, såsom challah eller brioche
- 8-12 spiseskefulde (ca. 8 ounce) flødeost (lavt fedtindhold er fint)
- Cirka ½ kop jordbærkonserves
- 1 kop (ca. 10 ounce) skivede jordbær
- 2 store æg, let pisket
- 1 æggeblomme
- Cirka ½ kop mælk (fedtfattigt er fint)
- En skvæt vaniljeekstrakt
- Sukker
- 2—4 spsk usaltet smør
- ½ tsk frisk citronsaft
- ½ kop creme fraiche
- Flere kviste frisk mynte, skåret i tynde skiver

Vejbeskrivelse

a) Smør 4 skiver af brødet tykt med flødeosten, spids en smule mod siderne, så flødeosten ikke siver ud i tilberedningen, fordel derefter de øvrige 4 skiver brød med konserves.
b) Drys et let lag jordbær over toppen af flødeosten.

c) Top hvert stykke ostebrød med et konservessmurt stykke brød. Tryk forsigtigt, men fast for at forsegle.
d) I en lav skål kombineres æg, æggeblomme, mælk, vaniljeekstrakt og ca. 1 spsk sukker.
e) Opvarm en tung nonstick-gryde over medium-høj varme. Tilsæt smørret. Dyp hver sandwich, 1 ad gangen, i skålen med mælk og æg. Lad det trække i et øjeblik eller 2, vend derefter og gentag.
f) Læg sandwichene i den varme pande med det smeltede smør, og lad dem stege til en gylden brun farve. Vend og brun den anden side let.
g) Kombiner i mellemtiden de resterende jordbær med sukker efter smag og citronsaft.
h) Server hver sandwich, så snart den er færdig, pyntet med en skefuld eller 2 af jordbærene og en klat creme fraiche.
i) Drys dem også med lidt af mynten.

90.   Brød budding sandwich

SERVER 4

Ingredienser:

- ¾ kop pakket lys brun farin
- ¼ kop sukker, delt
- 5—6 nelliker
- 1/8 tsk stødt kanel, plus ekstra til omrystning på toppen
- 1 stort syrligt æble såsom Granny Smith, skrællet og skåret i tynde skiver
- ¼ kop rosiner
- ½ tsk vaniljeekstrakt
- 8 tykke (¾- til 1-tommer) skiver franskbrød
- 6-8 ounce mild smeltbar ost såsom Jack, eller en meget mild hvid Cheddar, skåret i skiver
- ½ kop blancherede mandler eller pinjekerner i skiver
- Cirka 3 spsk smør
- 1 spsk olivenolie

Vejbeskrivelse

a) I en tykbundet gryde kombinerer du brun farin med 2 spsk sukker, nelliker og kanel. Tilsæt 2 kopper vand og rør for at blande godt.
b) Sæt over en medium-høj varme og bring i kog, og reducer derefter varmen til medium-lav, indtil væsken danner en let

boblende simre. Kog i 15 minutter, eller indtil det danner en sirup. Tilsæt æbleskiver og rosiner, og kog derefter yderligere 5 minutter. Tag af varmen og tilsæt vanilje.

c) Anbring brødskiverne på en arbejdsflade . Hæld varm sirup over hvert stykke brød, flere spiseskefulde pr. stykke. Vend forsigtigt hvert stykke og hæld varm sirup over den anden side. Lad stå i cirka 30 minutter.

d) Kom lidt mere sirup på brødet, igen cirka en spiseskefuld pr. skive brød. Brødet bliver ret blødt og risikerer at falde fra hinanden, da det absorberer den søde sirup, så pas på når du håndterer det. Efterlad yderligere 15 minutter eller deromkring.

e) Læg en skive ost oven på 4 skiver af det udblødte brød. Top hver med cirka ¼ af æblerne, rosiner og et drys mandler (behold nogle til sidst). Top med de resterende skiver brød til 4 sandwich. Tryk sammen.

f) Opvarm en tung nonstick-gryde over medium-høj varme, og tilsæt derefter cirka 1 spsk smør og olivenolie. Når smør skummer og bruner, tilsæt sandwichene. Reducer varmen til medium og kog, tryk forsigtigt med spatelen. Juster varmen, efterhånden som sandwichene bruner, sænk den efter behov for at holde sukkeret i siruppen brunende, men ikke brændende.

g) Vend sandwichene flere gange, tilsæt mere smør på panden, og pas på, at sandwichene ikke falder fra hinanden, når du vender dem. Tryk af og til, indtil ydersiden af sandwichene er brune og sprøde, og osten er smeltet.

h) Et minut eller 2 før de når denne tilstand, smid de resterende mandler i gryden og lad dem riste let og brune. Drys sandwichene og mandlerne med de resterende 2 spsk sukker.

i) Server straks, hver sandwich drysset med de ristede mandler.

91.   G regn og ost burger

Udbytte: 4 portioner

Ingredienser:

- 1½ kop Svampe, hakkede
- ½ kop Grønne løg, hakket
- 1 spiseskefuld Margarine
- ½ kop Havregryn, almindelig
- ½ kop Brune ris, kogte
- ⅔ kop Revet ost, mozzarella
- Eller cheddar
- 3 spiseskefulde Valnødder, hakket
- 3 spiseskefulde Hytte- eller ricottaost
- Fedtfattig
- 2 store Æg
- 2 spsk Persille, hakket
- Salt peber

Vejbeskrivelse

a) I en 10 til 12-tommer nonstick stegepande over medium varme, kog svampe og grønne løg i margarine, indtil grøntsagerne er bløde, cirka 6 minutter. Tilsæt havre og rør i 2 minutter.

b) Fjern fra varmen, lad afkøle lidt, og rør derefter kogte ris, ost, valnødder, hytteost, æg og persille i. Tilsæt salt og peber efter smag. Form på en olieret 12X15 tommer bageplade til 4 bøffer, hver $\frac{1}{2}$ tomme tyk.

c) Steg 3 inches fra varmen, vend én gang, 6 til 7 minutter i alt. Server på brød med mayo, løgringe og salat.

92.   Sort angus burger med cheddar ost

Udbytte: 1 portioner

Ingredienser:

- 2 pund Hakket Angus oksekød
- 3 Grillet poblano peberfrugt, frøet og; skæres i tredjedele
- 6 skiver Gul cheddarost
- 6 Hamburger ruller
- Baby rød ege salat
- Syltede rødløg
- Poblano Pepper Vinaigrette
- Salt og friskkværnet sort peber

Vejbeskrivelse

a) Forbered en træ- eller kulild og lad den brænde ned til gløder.

b) I en stor røreskål smages angus oksekød til med salt og peber. Stil på køl indtil klar til brug. Når du er klar til brug, form til 1-tommer tykke skiver.

c) Grill i fem minutter på hver side for medium rare. Top med cheddarost i løbet af de sidste fem minutter. Når du er færdig med at grille, lægges burgeren på den ene halvdel af rullen og toppes med babyrød eg, poblano peberfrugt, vinaigrette og syltede rødløg. Server straks.

93. Grillet amerikansk ost og tomat sandwich

Udbytte: 4 portioner

Ingredienser:

- 8 skiver hvidt brød
- Smør
- Tilberedt sennep
- 8 skiver Amerikansk ost
- 8 skiver Tomat

Vejbeskrivelse

a) Til hver sandwich smøres 2 skiver hvidt brød. Smør de smurte sider med tilberedt sennep og læg 2 skiver amerikansk ost og to skiver tomat mellem brødet med de smørsmurte sider ud.

b) Brun i en stegepande på begge sider eller grill indtil osten smelter.

94. Grillet æble og ost

Udbytte: 2 portioner

Ingredienser:

- 1 lille Rødt lækkert æble
- ½ kop 1% fedtfattig hytteost
- 3 spiseskefulde Fint hakket lilla løg
- 2 Engelske surdejsmuffins, flækkede og ristede
- ¼ kop Smuldret blåskimmelost

Vejbeskrivelse

a) Udkern æblet, og skær det på kryds og tværs i 4 (¼-tommer) ringe; sæt til side.

b) Kom hytteost og løg i en lille skål, og rør godt. Fordel ca. 2-½ spsk hytteostblanding på hver muffinhalvdel.

c) Top hver muffinhalvdel med 1 æblering; drys smuldret blåskimmelost jævnt over æbleringe. Læg på en bageplade.

d) Steg 3 tommer fra varme i 1-½ minut, eller indtil blåskimmelost smelter.

95. Grillet aubergine og ostepakker

Udbytte: 1 portioner

Ingredienser:

- 250 gram babyauberginer; skåret i skiver
- 4 spiseskefulde Olivenolie
- 250 gram Hård gedeost
- Revet skal og saft af 1 citron
- 1 20 gram frisk flad bladpersille; fint hakket
- 1 15 gram basilikumblade; revet i stykker
- Salt og friskkværnet sort peber

Vejbeskrivelse

a) Forvarm grillen til moderat varme.

b) Læg auberginskiver på en grillpande og pensl let med 1-2 spsk af olien. Steg i 2-3 minutter på hver side eller indtil de er gyldenbrune og bløde. Lad køle af.

c) I en skål kombineres osten i tern med citronskal og -saft og lidt af den flade bladpersille og basilikum.

d) Læg et stykke ost på en auberginskive. Rul sammen og fastgør med en cocktailpind. Gentag denne proces, indtil alle ingredienserne er brugt.

e) Læg rullerne i en serveringsskål, dryp den resterende olie over og drys med de resterende krydderurter og krydr.

96. Grillet blå ostesandwich med valnøddesandwich

Udbytte: 1 portioner

Ingredienser:

- 1 kop Smuldret blåskimmelost; (ca. 8 ounce)
- ½ kop Finthakkede ristede valnødder
- 16 skiver Fuldkornsbrød; trimmet
- 16 små Brøndkarse kviste
- 6 spiseskefulde Smør; (3/4 pind)

Vejbeskrivelse

a) Fordel ost og valnødder ligeligt mellem 8 brødfirkanter. Top hver med 2 brøndkarsekviste.

b) Drys med peber og top med de resterende brødfirkanter, hvilket gør 8 sandwiches i alt. Tryk forsigtigt sammen for at klæbe.

c) Smelt 3 spsk smør i en stor nonstick bageplade eller stegepande over medium varme. Steg 4 sandwiches på bageplade, indtil de er gyldenbrune og osten smelter, cirka 3 minutter på hver side.

d) Overfør til skærebrættet. Gentag med de resterende 3 spsk smør og 4 sandwich.

e) Skær sandwich diagonalt i halve. Overfør til tallerkener og server.

97. Grillet cheddarost og skinkesandwich

Udbytte: 1 portioner

Ingredienser:

- ¼ kop (1/2 stav) smør; stuetemperatur
- 1 spiseskefuld Dijon sennep
- 2 teskefulde Hakket frisk timian
- 2 teskefulde Hakket frisk persille
- 8 6x4-tommer skiver landlig brød; (ca. 1/2 tomme tyk)
- ½ pund Cheddar ost; tynde skiver
- ¼ pund Tyndt skåret røget skinke
- ½ lille Rødløg; tynde skiver
- 1 stor Tomat; tynde skiver

Vejbeskrivelse

a) Bland de første 4 ingredienser i skålen. Smag til med salt og peber. Arranger 4 brødskiver på arbejdsfladen.

b) Fordel halvdelen af osten ligeligt mellem brødskiverne. Top med skinke, derefter løg, tomat og den resterende ost. Top sandwich med resterende brød. Smør urtesmør på ydersiden af sandwich toppe og bunde.

c) Varm en stor nonstick-gryde op over medium varme. Tilsæt sandwich og kog indtil bundene er gyldne, cirka 3 minutter. Vend sandwich, dæk panden og kog indtil osten smelter og brødet er gyldent, cirka 3 minutter.

98. Fest Grillet ost og bacon

Udbytte: 100 portioner

Ingredienser:

- 12 pund bacon; skåret i skiver
- 5 3/16 pund ost
- 2 pund smør print sikkert
- 200 skiver brød

Vejbeskrivelse

a) Steg bacon

b) Læg 1 skive ost og 2 skiver bacon på hver sandwich.

c) Pensl let top og bund af sandwich med smør eller margarine .

d) Grill indtil sandwich er let brunet på hver side og ost er smeltet.

99. Grillede osteslugere

Udbytte: 4 portioner

Ingredienser:

- 8 skiver Surdej eller multikorn
- Brød
- ½ kop Tranebær sauce
- 6 ounce Kalkun, kogt og skåret i skiver
- 4 ounces Cheddarost, mild el
- Skarpe, tynde skiver
- Smør

Vejbeskrivelse

a) Smør 4 skiver brød med tranebærsauce: top med kalkun, ost og de resterende brødskiver.

b) Smør let udenpå sandwich med smør; steg i en stor stegepande ved middel-lav varme, indtil de er brune på begge sider.

100. Grillet ost i fransk toast

Udbytte: 4 portioner

Ingredienser:

- 2 æg, pisket
- ¼ cop mælk
- ¼ cop tør sherry
- ¼ t teskefulde Worcestershire sauce
- 8 skiver hvidt brød eller fuldkornsbrød
- 4 skiver Cheddar ost

Vejbeskrivelse

a) I en lav skål kombineres æg, mælk, sherry og Worcestershire.

b) Saml 4 ostesandwich, dyp derefter hver i æggeblandingen og grill langsomt i smør, vend én gang for at få begge sider gyldenbrune.

KONKLUSION

Sandwicher kommer i alle tænkelige former og størrelser. De fortsætter med at sejre på grund af deres enkelhed og bekvemmelighed.

Udover det er de også dejligt appetitlige.

Denne kogebog vil introducere dig til nogle af de mest imponerende sandwich-, sub- og pitaopskrifter.

Lav sensationelle og sundere sandwich, løft dit kulinariske arsenal, og hav masser af sjov med at spise lækker mad.

God fornøjelse!

www.ingramcontent.com/pod-product-compliance
Lightning Source LLC
Chambersburg PA
CBHW070648120526
44590CB00013BA/875